Genießen im Garten

Genießen im Garten

Rezepte aus dem Paradies

Idee, Styling und Fotos
KEES HAGEMAN

Text
ELISABETH DE LESTRIEUX

Rezepte
JAN LAGROUW

Gartengestaltung und Blumenarrangements
SIJTJE STUURMAN

monte von DUMONT

Impressum

Die Deutsche Bibliothek - CIP-Einheitsaufnahme

Genießen im Garten : Rezepte aus dem Paradies / Idee, Styling und Fotos Kees Hageman. Text Elisabeth de Lestrieux. Rezepte Jan Lagrouw. Gartengestaltung und Blumenarrangements Sijtje Stuurman. [Aus dem Niederländ. von Franca Fritz und Heinrich Koop]. -
Dt. Sonderausg. - Köln : DuMont, 1999
(Monte von DuMont)
Einheitssacht.: Genieten in de tuin <dt.>
ISBN 3-7701-8507-2

Titel der niederländischen Ausgabe:
Genieten in de Tuin - Met veel verfijnde recepten

Aus dem Niederländischen von Franca Fritz und Heinrich Koop

Satz: Fotosatz Froitzheim, Bonn
Umschlaggestaltung: Groothuis + Malsy, Bremen

Druck und buchbinderische Verarbeitung: Neue Stalling GmbH & Co., Oldenburg

ISBN 3-7701-8507-2

Inhalt

Einführung

Ein ganzes Jahr lang fotografierte Kees Hageman mit Begeisterung in Sijtje Stuurmans Garten in Bergen. Etwa zur gleichen Zeit komponierte Jan Lagrouw mit großem Vergnügen herrliche Gerichte und zeigte uns, daß dieser Garten außer mit blühenden Augenweiden auch mit vielen anderen Genüssen aufwarten konnte.
Sie halten nun ein Buch in den Händen, das dank des vereinten fachmännischen Könnens dreier Menschen entstand, die Schönheit und Genuß auf vortreffliche Weise zu kombinieren und zu bewahren verstehen.

In der wunderbaren pastellfarbenen Fülle von Sijtjes Garten kamen herzhafte und süße Appetithäppchen herrlich zur Geltung. Und ihr Garten bildete nicht nur einen perfekten Hintergrund für eine festliche Kaffeetafel, sondern auch für köstliche Kartoffelgerichte, Muschelmahlzeiten, Erntefeste mit Leckereien aus dem eigenen Garten oder schlichte Stilleben aus Rüben oder Kohlköpfen, Früchten der Erde, und allerlei Blüten und Blättern für Blumenarrangements. Pokale voller Früchte und Früchte, die als Pokal dienten, füllten die Tische, die mit kunstvoll drapierten Stoffdekorationen geschmückt waren; bei einer Tischgestaltung dienten sogar gigantische Blätter als Tischdecke.

Natürlich kommt auch der Garten selbst zu seinem Recht: der weiße Bereich wird ausführlich vorgestellt, und Bilder von Rosen füllen mehrere Seiten. Dann wiederum schlagen atemberaubende Kompositionen in Blau den Betrachter in ihren Bann, und auch die Pflanzen der angrenzenden Felder und Wälder bieten immer wieder zauberhafte Anblicke.
Meine Aufgabe bestand darin, diese Bilder mit Worten zu begleiten und noch einmal festzuhalten, was man eigentlich schon sehen kann – wie herrlich es doch ist, den Garten und seine Früchte zu genießen. Tatsächlich war ich hin und wieder derart ergriffen, daß meine dichterische Ader mit mir durchzugehen drohte … aber wie kann es auch anders sein, wenn man so viel Schönes serviert bekommt.

Elisabeth de Lestrieux Hendrichs

Meines Erachtens gehört zum Kochen mehr als nur die bloße Nachahmung eines Rezepts. Dennoch beginnt jeder, den die Kochleidenschaft packt, auf diese Weise. Aber schon sehr bald entdeckt man, daß es sehr viel mehr Spaß bereitet, ein Rezept nach eigenen Ideen zu verändern und ihm etwas ganz Persönliches zu verleihen.

Jan Lagrouw

Winterweiß

Weiß und kalt und wunderschön fällt der Schnee draußen im Garten,
verfremdet die Formen des Immergrün,
zeichnet Linien die Zweige entlang und häuft Hauben auf die Dolden,
die verwunschen stehen, bis sie neues Leben sehen.
Weiß und zart und lieblich schön blüht der Schnee drinnen am Zweig,
vorgezogen hinter Glas, muß er auf den Frühling nicht warten.
Das Frühlingsweiß von Schneeball, duftendem Flieder und frühen Zwiebelblüten,
durch dunkelgrünes Efeublatt und apfelgrüne ›Granny's‹ noch hervorgehoben,
wird zum willkommenen Anlaß für ein weißes Winterfest mit Austern,
die unter Meerwasseraspik ausharren wie unter Eis
und lauter graue Kaviarperlen tragen.

Austern in Meerwasseraspik

Meerwasseraspik wird aus der in der Auster gefangenen Flüssigkeit zubereitet (die die Auster recht lange am Leben erhält). Für dieses Gericht sind runde ebenso geeignet wie längliche Austern.
Jede Auster vorsichtig öffnen und das enthaltene Wasser durch ein Haarsieb in ein Gefäß gießen. Die gewölbte Seite der Muschel sorgfältig reinigen und beiseite legen; das Sieb ausspülen, die Austern darin ein paar Minuten über dem Gefäß abtropfen lassen und anschließend auf Küchenpapier legen.
Etwas Schnittlauch sehr fein hacken und mit 100 ml Crème fraîche verrühren. Mit Pfeffer und ein paar Tropfen Zitronensaft würzen.
Nun aus dem gesiebten Austernwasser das Aspik zubereiten. Für 500 ml Flüssigkeit benötigen Sie 5–6 Blätter Gelatine, für die erheblich geringere Menge Austernwasser verwenden Sie dann entsprechend weniger. Das Aspik im Kühlschrank fest werden lassen, bis es von der Konsistenz an Wackelpudding erinnert. Dann die gewölbten Austernhälften mit etwas Schnittlauchcreme füllen, die Austern darauf betten und mit Meerwasseraspik bedecken. Wenn Sie mögen, können Sie dieses Gericht mit Kaviar köstlich abrunden.

Verkehrte Welt

Nun drängen die ersten Frühlingsboten ihre Triebe durch den harten Boden ans Licht, um in der Wintersonne ihre Blüten zu öffnen.
Die Schneeglöckchen sind die vorwitzigsten, gefolgt von Adonisröschen mit ihren Sonnenköpfchen auf zartem Grün.
Bald fangen auch die Krokusse das blasse Winterlicht mit ihren Blütenkelchen auf und erneuern das Versprechen aller Pflanzen, die noch in der Erde schlummern und durch diese Vorboten verkünden, daß sie schon bald wieder üppig und zahlreich erscheinen werden.
Ihr Anblick wärmt das Herz, obwohl draußen noch die Kälte regiert.
Bei den Austern in ihrer Court bouillon ist es genau umgekehrt: hier birgt eine heiße Hülle Kälte im Innern.

Court bouillon mit Austern

Als Grundlage dient eine schmackhafte und kräftige, klare Court bouillon (siehe Rezept Seite 192), während die Austernsorte und -menge ganz Ihrem persönlichen Geschmack überlassen bleibt. Die Schalen öffnen, das Austernfleisch vorsichtig auslösen und auf Küchenpapier ein wenig abtropfen lassen.
Die Bouillon langsam erhitzen und abschmecken. Anschließend mit einem Schneebesen kalte Butterflöckchen unterziehen.
Die rohen Austern auf die Suppenteller verteilen und mit der heißen, leicht gebundenen Bouillon aufgießen. Die Austern sorgen dabei für eine besondere Überraschung, da sie von außen warm, aber innen noch kalt sind.

Schwarzes und graues Gold

Jetzt, da die Erde langsam ihre Blumengeheimnisse preisgibt, sind wir ihr wieder wohlgesonnen und ehren sie mit irdischen Köstlichkeiten: Tagliatelle aus sonnengereiftem Weizen und neue Kartoffeln, die aus wärmeren Gefilden stammen, suchen die Gesellschaft der Trüffel, des schwarzen Goldes der Erde. Graues Gold schenkt uns das Meer in Form des schimmernden Stör-Rogen. Nach altem russischem Brauch genießt man Kaviar auf bodenständige Weise: mit Erdäpfeln oder kleinen Pfannkuchen aus Buchweizenmehl, die mit einer sehr ›irdischen‹ Haube aus gesäuertem Rahm einfach himmlisch schmecken.

Tagliatelle mit Kartoffeln und Trüffel

Dieses Rezept befaßt sich mit erdverbundenen Gaumenfreuden, deren Geschmack durch den Boden bestimmt wird, aus dem sie hervor-

gingen. Die Weizennudeln, die Kartoffeln und die Trüffel besitzen ein reiches, unverkennbares Aroma, so daß man gut daran tut, die weiteren Zutaten auf Öl, Pfeffer und Salz zu beschränken.

Dünne rohe Kartoffelscheiben in heißem Olivenöl garen und knusprig braten. Inzwischen die Tagliatelle kochen und mit kaltem Wasser abschrecken. Sie können frische oder getrocknete Nudeln verwenden.

Den Trüffel mit einem Trüffelhobel oder einem sehr scharfen Messer in feine, gleichmäßige Scheiben schneiden.

Anschließend etwas Olivenöl in einer großen Pfanne erhitzen, die Tagliatelle darin aufwärmen und mit frisch gemahlenem Pfeffer und Salz abschmecken. Die Nudeln auf die Teller verteilen und mit den warmen Kartoffel- sowie mit den Trüffelscheiben versehen.

Natürlich können Sie die Kartoffeln und Trüffel auch bereits in der Pfanne zu den Nudeln geben und vorsichtig unterheben.

Das Rezept ist nicht auf Trüffel fixiert, Sie können sich auch für andere Pilze entscheiden, etwa die herrlich schmackhaften Shiitake oder gedünstete Champignons und Pfifferlinge. Sie sind genauso leicht zuzubereiten wie Trüffel – und sicherlich ebenso lecker.

Blinis mit Kaviar

Als Rußland noch Rußland war, zählten Blinis mit Kaviar zu den Gerichten, die man dort einmal gekostet haben mußte. Heute ist das alles anders: der russische Kaviar ist nicht mehr das, was er einmal war, heute kommt der beste Kaviar aus dem Iran. Aber die Blinis blieben uns erhalten.

Blinis sind kleine Pfannkuchen aus Weizen- und Buchweizenmehl, bei deren Zubereitung man einen ringförmigen Einsatz von 8 cm Durchmesser zu Hilfe nehmen kann (mit dem auch runde Spiegeleier gebraten werden).

Zunächst 250 ml warme Milch mit 125 g Buchweizenmehl, 125 g Weizenmehl, 15 g Frischhefe und einer Messerspitze Salz zu einem glatten, dickflüssigen Pfannkuchenteig verarbeiten. Eventuell noch etwas Milch hinzufügen.

Den Teig mindestens 3 Stunden an einem warmen Ort gehen lassen.

Anschließend etwas Eischnee unterziehen und ein wenig Teig in den ringförmigen Einsatz in einer Bratpfanne mit zerlassener Butter geben. Von einer Seite hellbraun backen, den Einsatz entfernen und den Pfannkuchen wenden. Sie können die Blinis auch im Backofen auf einem Backblech zubereiten. Zum Schluß geben Sie auf die warmen Blinis etwas Crème fraîche oder Crème double und Kaviar nach Geschmack.

Spiel der Gegensätze

Dann ist man eines Tages müde des hellen, winterlichen Weiß und sehnt sich nach Farbe – nicht nach dem allmählich wiederkehrenden Bunt in der Natur, nein, es muß schon ein Feuerwerk von Farben sein. Dicke Bündel gelber, roter und gestreifter Tulpen trägt man zusammen, um das unbändige Verlangen nach Farbe zu stillen. Warmes Farbenspiel im Haus zu einer kalten Jahreszeit inspiriert eine vergleichbare Verbindung kulinarischer Genüsse: warme Meeresfrüchte in einem Bett aus kühlem Gemüse schaffen einen reizvollen Kontrast, der alle Geschmacksnerven überrascht. Und im übermütigen Spiel mit den Gegensätzen kombiniert man feurige Clivia mit melancholischem Flieder und stillem Schneeball, der die Gesellschaft von Vergißmeinnicht und Traubenhyazinthe nicht scheut.

Gemüsesalat mit Meeresfrüchten

Für diesen Salat wurden gebackene Jakobsmuscheln, gebackene Riesengarnelen und gedünstete Miesmuscheln verwendet. Falls Sie aber kleinere Garnelen oder gebackene Miesmuscheln vorziehen, sollten Sie sich durch unsere Vorgabe davon nicht abhalten lassen. Denn das Schönste beim Kochen ist die Abwechslung, und strenge Vorschriften behindern die Kreativität. Das Gemüsebett setzt sich aus gekochten frischen Erbsen (um diese Jahreszeit können sie auch aus der Tiefkühltruhe kommen), dicken Bohnen (deren Kerne nach dem Entfernen der Haut halbiert werden), Zuckerschoten, Prinzeßbohnen und gedämpften Broccoliröschen zusammen.

Alle Zutaten sorgfältig vermischen. Eine Vinaigrette aus Himbeeressig und Nußöl zubereiten und die Gemüse 1 Stunde darin marinieren. Wer kalorienbewußt genießen möchte, kann das Gemüse vor dem Servieren abseihen.

Zum Servieren werden die warmen Meeresfrüchte auf dem kalten Gemüsesalat angerichtet. Der Kontrast von Warm und Kalt verleiht dem Gericht einen zusätzlichen Reiz.

Der Jahreszeit voraus

Warum noch zögern,
im Haus dem Frühling voraus zu eilen?
Sollen Schalen und Pokale noch länger
leer im Schrank verweilen,
während sie doch so viel schöner noch voll lebensfroher
Frühlingsblumen anzusehen sind, wo daneben
welkes Grün von Gunnera vergeht.
Der stete Reigen der Natur, die nach Zeiten
von Vergänglichkeit und Tod in frischen Farben aufersteht,
ist im Hause ohne Macht.
Warum warten, bis im Garten
alles grünt und blüht, statt Frühlingsboten fremder Länder
gastlich zu empfangen?
So leuchten früh schon Hyazinthen neben
Tulpen und Narzissen in einem Gruppenbild mit Vase
oder kokett im fröhlich bunten Frühjahrsbukett.

Frühlingsboten

Sobald in den Vasen der Frühling Einzug hält, möchten wir auch auf den Tellern nicht länger auf ihn verzichten. Und das Angebot ist ansehnlich: Frühlingszwiebeln, die geerntet werden, bevor sie voll ausgereift sind; Spargel aus fernen Ländern, denn die hiesigen Hügelreihen liegen noch still und kalt in der Februarsonne; junge Mairüben, die bereits lange vor dem 1. Mai gedeihen; sowie zarte, feine ›Kornähren‹, der ›wilde Spargel‹ der Milchsternknospen.
Aber auch Trüffel sind im Angebot, zunächst noch die der Wintermonate Dezember, Januar und Februar, ab Mai dann auch die Sommertrüffel.
Was kann man nicht alles mit diesen delikaten Gewächsen beginnen. Kochen natürlich und verspeisen, aber nicht gleich. Für doppelten Genuß sorgen kleine Arrangements und Dekorationen, an deren Anblick man sich bis zum nächsten Tag erfreut, wenn sie dann in Leckereien verwandelt werden. So ist es auch mit den Trüffeln geschehen, die jetzt als dünne Scheiben zwischen Hähnchenbrust und Kartoffeln hervorlugen.

Gebratene Kartoffeln mit Trüffel und Hähnchenbrust

Die Menge, die Sie zubereiten wollen, richtet sich nach der Anzahl der Trüffelscheiben, die Ihnen zur Verfügung stehen. Je mehr Sie verwenden, desto mehr Kartoffeln und Hähnchenbrustscheiben sind erforderlich. Am schmackhaftesten sind frische Trüffel, wobei die italienischen Sommertrüffel zu den preiswertesten zählen, doch noch ist es leider Winter. Übrigens: Man kann Trüffel auch einfrieren. Dazu müssen sie lediglich nach dem Reinigen sorgfältig trockengetupft, in Folie verpackt und in der Tiefkühltruhe deponiert werden. Die aufgetauten Trüffel sind sogar noch zarter als frische Pilze und genauso lecker. Die Trüffel in dünne Scheiben schneiden. Eine gleiche Anzahl von etwa 3 mm dünnen, rohen Kartoffelscheiben zwischen Küchenpapier trocknen. Am besten wählen Sie Hähnchenbrustfilets von guter Qualität, etwa von französischen Poulets de Bresse. Die Filets in Butter bräunen, aber nicht zu gar werden lassen, da trockenes Geflügelfleisch ein zweifelhafter Genuß ist. Anschließend die Kartoffelscheiben in Olivenöl leicht bräunen und erneut auf Küchenpapier trocknen. In der Zwischenzeit die Brustfilets in dünne Scheiben schneiden und zusammen mit den Kartoffeln nach Geschmack mit Salz und Pfeffer würzen. Nun die verschiedenen Zutaten abwechselnd auf dem Teller arrangieren: Kartoffeln, Hähnchenbrust, Trüffel usw.
Dazu bereiten Sie ein schlichtes, warmes Dressing, das Sie mit den feingehackten Trüffelresten vermischen und über das Gericht geben.

Welche Vinaigrette?

Dieses Thema wurde bereits von verschiedenen Autoren erörtert: welche Zutaten in welchen Mengen, welches Öl ist am besten und in welchem Verhältnis – 1 Teil auf 3, 4 oder 5 Teile? Darf man Zucker verwenden oder Senf? Alles ist erlaubt, nur Ihr persönlicher Geschmack zählt. Allerdings sollte die Rezeptur ausgewogen sein, denn eine zu saure Vinaigrette beeinträchtigt den Geschmack des ganzen Salats oder sogar der Gerichte, die zum Salat gereicht werden. Auch Wein reagiert empfindlich auf saure oder süße Speisen. Wichtigster Bestandteil einer guten Vinaigrette ist das Öl, das ruhig etwas kosten darf. Es gibt hervorragende Olivenölsorten, wobei auf einigen italienischen Erzeugnissen sogar das Erntejahr vermerkt ist. Aber auch Sonnenblumen- und Traubenkernöl sind empfehlenswert. Mit Nußölen wie Walnuß- oder Haselnußöl können Sie dem Salat eine ganz besondere Note verleihen. Asiatisch-orientalische Dressings kommen mit Sesamöl sehr schön zur Geltung, das aufgrund seines intensiven Geschmacks am besten mit einem neutraleren Öl gemischt wird.

Ich persönlich ziehe eine schlichte Vinaigrette vor: auf 4 Teile Öl und 1 Teil Essig kommen etwas Salz, Zucker und frisch gemahlener Pfeffer und manchmal kleingehackte Schalotten oder feingeschnittener Schnittlauch. Geben Sie das Dressing erst kurz vor dem Servieren über den Salat, damit er frisch und knackig bleibt.
Natürlich sind etliche Variationen möglich: So schenkt ein gereifter Balsamessig jedem Gericht eine intensive Note; aber auch etwas Kalbsjus schmeckt sehr gut, besonders, wenn man es vorher erwärmt. Statt Essig könnten Sie auch Limonensaft verwenden oder Obstessig mit einem Nußöl kombinieren – es gibt unendlich viele Möglichkeiten. Lassen Sie einfach Ihre Phantasie spielen.

Salatfrühling

Für die ersten Frühlingsblumen braucht man nur in den Garten oder in den Blumenladen zu gehen, aber für die ersten Frühlingsgemüse muß man vielleicht ein

Delikatessengeschäft aufsuchen. Doch wenn sich erst Farben und Aromen auf dem Teller vereinen, auf die man so lange verzichten mußte, wird niemand bestreiten, daß es sich lohnt.

Draußen in der Natur kommt nun mit Wild- und Traubenhyazinthe zaghaft das erste Blau zum Vorschein, das in kleinen Bündeln neben den Tellern die Augen erfreut. Aber mit Tulpen, Iris und anderen Frühlingsblumen kann man es auch zu großen Blumenbuketts kombinieren.

Auf dem Teller finden wir die kunterbunten Farben weitgereister schmackhafter Blüten der Kapuzinerkresse neben Veilchen, die mit ihren freundlichen Gesichtern den Salat verzieren. Besonders eindrucksvoll ist auch der Sauerampfer mit den roten Blattadern, ganz zu schweigen von der Tripmadam, einer Fetthenne *(Sedum reflexum)*, die sich leicht säen läßt und im Salat keine schlechte Figur macht.

Salat mit Kräutern und Blumen

Was könnte man den farbenfrohen Blüten und würzigen Kräutern noch hinzufügen? Einen besonderen Salat als Grundlage? Sehr gut. 'Lollo Rossa' ist mit seinen krausen rotbraunen Blättern zu Recht in kürzester Zeit in aller Munde gewesen; der gleichen Familie gehört 'Lollo Bionda' an, ebenfalls ein Salat von Format mit krausen Blättern, jedoch von hellgrüner Farbe.

Auch vom Eisbergsalat gibt es inzwischen neben der kräftigen grünen Form diverse rotblättrige Sorten, die Sie auf Ihrem Salatteller ruhig einmal willkommen heißen sollten.

Mit einer angenehm bitteren Note beeindrucken die krausen, geschlitztblättrigen Endiviensorten, die Frisées. Ausdrucksvoll im Geschmack ist auch der Radicchio, ein roter Verwandter des Chicorée. Und dann sind da noch die Pflück- oder Schnittsalatsorten, von denen der grüne und rote Eichenblattsalat in kürzester Zeit den Markt erobern konnten.

Wenn Sie jetzt völlig verwirrt sind, dann verwenden Sie einfach Ihren altvertrauten Kopfsalat, der ebenso geeignet ist. Schließlich sind die Blüten das wesentlichste. Aber wählen Sie auf jeden Fall eine edle Vinaigrette; auf den vorhergehenden Seiten finden Sie viele verführerische Variationen.

Noch mehr Frühling

In den Niederlanden darf man bis zum 5. April die Eier aus dem ersten Gelege des Kiebitz herausnehmen. (In Deutschland ist dies verboten! Hier muß man die Kiebitz- durch Wachteleier ersetzen.) Diese dunkelgrün gesprenkelte Köstlichkeit wird am besten pur mit einer Prise Salz und jungem, knackigem Gemüse serviert.

Auch Erdbeeren liegen bereits im März in den Obstregalen – allerdings nicht pfundweise, sondern nur in kleinen Schälchen, da sie noch aus dem Treibhaus oder aus wärmeren Ländern kommen. Diesen Früchtchen wird nun die Ehre einer ganz besonderen Behandlung zuteil, denn man veredelt sie von innen mit Erdbeergeist (bzw. -likör) – letztendlich sind die inneren Werte entscheidend. Begleitet werden die ›wertvollen‹ Erdbeeren von einem Violenkonzert bescheidener Duftveilchen *(Viola odorata)* und winterblühender Stiefmütterchen, die sich jetzt in kunterbunter Symphonie Gehör verschaffen.

Erdbeeren mit Schokoladenhäubchen

Unter dem Schokoladenhäubchen versteckt sich eine Überraschung, die zwar nicht zu sehen, dafür aber um so deutlicher zu schmecken ist. Denn diese Erdbeeren erhielten eine Erdbeerlikörinjektion, was den Geschmack jeder Erdbeersorte intensiviert. Eine verstärkte Wirkung erzielen Sie mit einer Mischung aus Erdbeerlikör und Erdbeergeist (Eau-de-vie de Fraises). Für dieses Rezept benötigen Sie eine Einwegspritze, die Sie sicher bei einem befreundeten Arzt, Veterinär oder Apotheker bekommen.

Den Alkohol in die Spritze aufziehen und gerade soviel in die Erdbeere spritzen, wie sie aufnehmen kann. Die Früchte 1 Stunde kalt stellen. In der Zwischenzeit im Wasserbad einen Riegel Kuvertüre langsam schmelzen und eventuell mit etwas Wasser verdünnen. Jede Erdbeere zur Hälfte in die Schokolade tauchen und abkühlen lassen. Danach aus 250 ml Crème fraîche, etwas Zucker und ein paar Löffeln Erdbeergeist eine Sauce zubereiten. Die Erdbeeren mit der Schokoladenhälfte nach oben auf einem Teller anrichten und mit weißen Schokoladenraspeln garnieren.

Charles Heidsieck

Wiesen-kerbelfest

Auf einmal ist auch der Wiesenkerbel wieder da und verziert mit seinen duftigen Spitzen das Grün ringsumher. Scheuen Sie sich nicht, beide Arme voll zu pflücken, denn er duftet herrlich und erfreut uns mit seinen kleinen Dolden, die zur näheren Betrachtung einladen. Wiesenkerbelzeit ist auch die Zeit für ein erstes Fest in der Frühlingssonne mit köstlichen Leckereien im Freien.

Wenn Wiesenkerbel in Ihrem Garten wächst, lassen Sie ihn einfach sprießen. Aber auch körbevoll auf wilden Wiesen gepflückt und in alle verfügbaren Krüge gesteckt, ist er drinnen wie draußen willkommene Zier. Der passende Rahmen für eine weiß und grün gemusterte Terrine aus Sellerie und erstem Spargel, die man mit Freunden aus der Stadt teilen sollte, denen die Blüte des Wiesenkerbels entgeht.

Terrine von Spargel, Sellerie und Kartoffeln

Für dieses Gericht lohnt es sich, ein kleines Fest zu geben, da die Terrine bestimmt 15–20 Scheiben ergibt – Gelegenheit für ein Wiesenkerbelfest.

Für eine 30 cm große Terrinenform benötigen Sie: Püree von 500 g Kartoffeln, Püree von ½ Sellerieknolle, etwa 15 grüne oder weiße Spargelstangen, 10 Blatt Gelatine, 250 g dünn geschnittenen Frühstücksspeck, 250 ml Sahne, 4 festkochende Kartoffeln, die nach dem Kochen in Scheiben geschnitten werden, sowie etwas Öl. Das Kartoffelpüree mit etwas Butter und 3 Eigelb zubereiten und mit 5 eingeweichten und in heißem Wasser aufgelösten Blättern Gelatine vermischen. Anschließend die halbe Sellerieknolle in kleine Stücke schneiden, in 250 ml Sahne garen und mit möglichst wenig Flüssigkeit pürieren. Abschmecken und die restlichen 5 aufgelösten Blätter Gelatine unterrühren.
Den Spargel in leicht gesalzenem Wasser dünsten. Grüner Spargel muß nicht geschält, aber am unteren Ende um 5 cm gekürzt werden. Den Spargel nicht vollständig garen, er sollte noch bißfest sein. Alle Zutaten leicht abkühlen lassen.
Inzwischen die mit Öl eingepinselte Form so mit den Speckscheiben auslegen, daß sie sich leicht überlappen. Zuunterst geben Sie eine Schicht Kartoffelpüree, in die eine Lage Spargel gedrückt wird. Darüber kommen eine Schicht Selleriepüree und anschließend die Kartoffelscheiben. Auf diese Weise werden alle Zutaten aufgeschichtet. Zum Schluß die Speckscheiben zusammenlegen, und die Terrine über mehrere Stunden im Kühlschrank fest werden lassen.

Holunderfreuden

Was am Boden die verspielte Wiesenkerbelspitze, das sind am Strauch die zarten Schirme der Holunderblüte. Ihren flüchtigen Charme kann man jedoch in Sirup bannen, so daß die Erinnerung an duftend blühenden Holunder in Limonaden, Salaten und Saucen wieder erwacht.

Holunderblütenlimonade

Diese Limonade kann man bereits am nächsten Tag servieren. Etwa 20 Holunderdolden mit Zitronenscheiben und Zucker nach Geschmack in einer zugedeckten Schüssel in Wasser ziehen lassen. Das Ganze am nächsten Tag filtern, und schon ist die duftende, milchige Limonade trinkfertig (siehe auch Seite 91).

Holunderblütensirup

Für diesen konzentrierten Holunderblütensirup, der sich nicht nur für die Zubereitung von Limonaden eignet, pressen Sie möglichst viele duftende, pollenbeladene Blütendolden in ein Vorratsglas oder eine Flasche mit Bügelverschluß und füllen sie mit Wasser auf. Anschließend das Gefäß gut verschließen und 24 Stunden an einem warmen, sonnigen Ort ruhenlassen. Am nächsten Tag die Dolden sorgfältig ausdrücken, die Flüssigkeit filtern und abmessen. Auf 1 l Flüssigkeit geben Sie 1,25 kg Zucker und 20 g Ascorbin- oder Zitronensäure (aus der Apotheke). Die Mischung nun drei weitere Tage warm stellen, bis sich der Zucker auflöst (gelegentlich umrühren), dann in sterilisierte, gut verschließbare Flaschen füllen. Dieser Sirup verfeinert (Obst-) Salate, Vinaigrettes und zahlreiche andere Speisen, die sonst mit einem Löffel Honig oder etwas Zucker gesüßt werden.

Originelles Orange

Schneeball, der bisher nur hinter Glas erblühen konnte, schmückt nun endlich auch den Garten und betont mit seinen dichten Blütenständen die lichten Spitzen der Wiesenkerbel- und Holunderblüten, auf daß selbst unscheinbare Gartenecken in neuem Glanz erstrahlen.
Wer sich nicht beizeiten rigoros dagegen verwahrt hat, kann nun zwischen dem ganzen Blütenweiß das leuchtende Orange der Ringelblumen begrüßen, die auf vielen Speisen zum bunten ›Streugut‹ werden. Die Tagliatelle erhielten durch Ringelblumen und Pistazien fröhliche Farben, während sie ihren besonderen Geschmack vielen dicken Knoblauchzehen verdanken, die auf zweierlei Art zubereitet wurden – zart geschmort umhüllen sie die Nudeln, und braun geröstet sorgen sie dafür, daß das Knoblaucharoma wirklich niemandem entgeht.

Tagliatelle mit Ringelblumen

Für dieses Gericht wurde der Knoblauch auf zwei verschiedene Arten zubereitet. Etwa 13 Knoblauchzehen schälen und mit einem Glas Wasser und etwas Salz in einer Pfanne auf schwacher Hitze dünsten, bis die Zehen weich sind. In der Zwischenzeit 3 weitere Knoblauchzehen sowie 2 Frühlingszwiebeln mit einem Teil der grünen Triebe sehr fein hacken, und die Tagliatelle in Salzwasser kochen (etwas Öl im Wasser verhindert, daß die Nudeln aneinanderkleben).
Die Nudeln anschließend mit kaltem Wasser abschrecken.
In einer großen Pfanne einen Stich Butter mit etwas Öl erhitzen und darin zuerst die kleingeschnittenen Knoblauchzehen, danach die Frühlingszwiebeln sautieren. Anschließend die Tagliatelle hinzufügen und zusammen mit den geschmorten Knoblauchzehen aufwärmen. Das Ganze gut durchrühren; dabei zerfällt der weiche Knoblauch und bleibt an den Nudeln haften.
Sie können dieses Gericht auch mit ausgelassenen Speckwürfeln und (nicht nur aufgrund der schönen Farbe) einigen grünen Pistazien geschmacklich abrunden.
Die Tagliatelle auf vorgewärmten Tellern anrichten und mit den (übrigens eßbaren) Blütenblättern der Ringelblume garniert servieren.

Alles blüht

Inzwischen blüht es überall,
und aus ungezählten Knospen wird sich unablässig
ein farbenreiches Blütenmeer in mannigfachen Formen öffnen.
Manche zerbrechlich zart, andere erhaben und mächtig.
Wie die schirmgroßen Blätter der Uferpflanze Gunnera, die schützend
einen honigfarbenen Blütenstand umhegen. Oder der Gemeine Bärenklau,
dessen gigantische Blütendolden sich unaufhaltsam
aus ihrer engen Umhüllung entfalten.

Rhabarberrosa Nascherei

Wenn sich die Stengel des Rhabarbers rosig
färben und die Hyazinthen auf ihren Zwiebeln
so herrlich duften,
dann ist es Zeit,
auch diese kleinen Genüsse zu ehren
und ihnen eine Hauptrolle in Frühlingssträußen
und kleinen Törtchen zu schenken –
Törtchen mit rosa Gelee aus
Rhabarber, Honig, Zucker und Sahne,
die wie ein lieblicher rosa Traum
zum Naschen verführen.

Rhabarbertörtchen

Rhabarber schmeckt einfach herrlich – vor allem dann, wenn er als Belag für kleine köstliche Blätterteigtörtchen dient. Am besten kaufen Sie tiefgekühlten Blätterteig, der in Tortelettförmchen blindgebacken wird.
Zunächst 1 kg Rhabarber waschen, in 2 cm lange Stücke schneiden und tropfnaß mit 250 g Zucker kochen. Sobald der Rhabarber einmal kocht, geben Sie 1 Eßl. Honig hinzu und überprüfen, ob eventuell noch etwas Zucker beigemischt werden sollte. Wenn der Rhabarber fast gar ist, vorsichtig ein Viertel der heißen Menge in einen anderen Topf füllen und 3 eingeweichte Blätter Gelatine darin auflösen. Im restlichen Rhabarbermus 9 eingeweichte Blätter Gelatine auflösen und rasch abkühlen lassen. In der Zwischenzeit 250 ml Sahne mit etwas Zucker steif schlagen und vorsichtig unter die größere Menge Rhabarbermus ziehen, sobald es abgekühlt ist und die Gelatine fest zu werden beginnt. Diese Creme anschließend auf den vorgebackenen Tortelettes verteilen und mit dem klareren (und ebenfalls halbfesten) Rhabarbergelee überziehen.
Noch besser schmecken die Törtchen, wenn man sie zusätzlich mit einer Schicht Crème pâtissière anreichert.
Sie wird folgendermaßen zubereitet:
500 ml Milch mit 150 g Zucker und einer Vanilleschote langsam erhitzen. In der Zwischenzeit 5 Eigelb mit 150 g Zucker schaumig schlagen und 75 g Mehl unterziehen. Dann die kochendheiße Milch (aus der Sie zuvor die Vanilleschote entfernt haben) unter ständigem Rühren zur Eigelbmischung geben und kurz aufkochen lassen. Anschließend die Creme durch ein Sieb streichen und gut abkühlen lassen. In die Tortelettes füllen, das Rhabarbermus darauf verteilen und mit dem Rhabarbergelee versiegeln.

Kontraste in Weiß

Mit geschickter Hand wurden diese Kontraste in Weiß angelegt, und sie erheben sich teils wolkig zart oder dicht, teils fedrig tanzend oder streng über den Boden.

Hier ist es *Lathyrus latifolius*, der – kraftvoll an seinen Streben emporwachsend – einem Beet mit zahllosen Blütchen des gefüllten Schleierkrauts blühende Rückendeckung bietet. Für zusätzliche Akzente sorgen weiße *Agastache* 'Alabaster' mit intensivem Anisaroma und *Lysimachia ephemerum* mit ihren schlanken Blütenähren und silbernen Blättern.

Dort ist es die weiße Blütenwolke des Meerkohls *(Crambe cordifolia)*, dessen kräftige Blattrosetten sich im wachsgrünen Trauergewand der *Salix alba* 'Tristis' widerspiegeln. Häufig wird das Weiß gestützt durch die Silbertöne von Vexiernelken und Wollziest – durchbrochen von Jakobsleiter und *Salvia horminum* 'White Swan'.

Am Waldrand duftet es zart; hier bilden weiße und violette Nachtviolen den Hintergrund für (verblühtes) Silberblatt, und Zierzwiebeln stehen in voller Blüte. Dazwischen blühen altmodische purpurfarbene Akelei und rosa *Geranium endressii*, die – wie das in der Nähe wachsende Seifenkraut – bald über ihren geschlitzten Blättern ungezählte kleine Blüten tragen werden.

Weiß mit Goldrand

In Sijtjes weißem Garten ist Weiß nicht einfach weiß, sie legt auch goldene Ränder an und setzt silberne Pflanzen dazwischen – ohne Silber und Gold ist ihr das Weiß zu kalt.

Die Beeteinfassungen, die die Kreuzform der Wege hervorheben, bestehen daher aus *Solidago* 'Golden Dwarf', und vor der Gartenpforte leuchtet Geißblatt in goldenen Farben und duftet honigsüß.

Gelb sind auch die bauschigen Büschel des Frauenmantels und das kräftige Federwerk des Klebrigen Salbeis *(Salvia glutinosa)*, während weiter im Hintergrund der Silberton der *Salix helvetica* und das intensive Silberviolett des *Allium karataviense* strahlen.

Zwischen kraftvollen, knorrigen Apfelbäumen liegt ein Meer aus zarten Tönen – die Farben von *Astilbe, Phlox* und bald auch von Asternblüten. Für einen grünen Kontrast sorgen Farne und *Hosta* mit ihren ausgeprägten Formen sowie das würdevolle *Onopordum,* das bis in die Spitzen silbrig glänzt.

Blaue Kugeln blaue Blüten

Manchmal pflanzt Sijtje Gold zwischen die Weißtöne, manchmal aber setzt sie mit Blau Akzente: das neblige Blaugrau der Kugeldisteln erhebt sich über den blauen (und nur bei wolkenlosem Himmel geöffneten) Blüten der *Dimorphoteca pluvialis* 'Pole Star', die der *Arctotis grandis* ähnelt und genau wie diese trockene, sonnige Standorte bevorzugt. Beide Pflanzen lohnen die Mühe, denn sie blühen von Mai bis Oktober (vorausgesetzt, man sät sie im März).

Wir befinden uns nun schon weiter im Jahr und daher blüht jetzt *Anaphalis* neben *Lysimachia, Lavatera* 'Mont Blanc', Schleierkraut, *Artemisia* und den großzügigen Trichtern der *Datura.*

Spargel

Man sieht ihn im Frühjahr und auch im Sommer – den *Asparagus,* dessen grüne und blauviolette Vettern mehr Geschmack besitzen als der weitverbreitete weiße Spargel. Beim ›wilden Spargel‹ handelt es sich dagegen um die knospenden Blütenstiele des Milchsterns *(Ornithogalum pyrenaicum)*, der schon vor Jahrhunderten gerühmt wurde und jetzt wieder zu kulinarischen Ehren kommt, wie bei unserer leckeren Füllung der Champignonköpfe. Ließe man die Ähre blühen, dann würde sie eine Reihe weißer, trichterförmiger kleiner Blüten hervorbringen und wie *Verbascum chaixii* (gegenüber) mit ihren schlanken weißen Kerzen jeden Gartenliebhaber erfreuen.

Marinierte Champignons mit Milchsternfüllung

Für dieses Gericht benötigen Sie: Große braune oder weiße Champignons, Milchstern (auch als Mini-Grünspargel im Handel), Glasschmalz (auch Queller genannt), eingelegte Silberzwiebeln und ausgelassene Speckwürfel.
Von den Champignonköpfen vorsichtig die Stiele abtrennen und in kleine Stücke schneiden. Die Köpfe mehrere Stunden in einer Marinade aus 3 Teilen Nußöl, 1 Teil Rotweinessig, ½ Teel. Zucker, 1 Messerspitze Salz und 1 gepreßten Knoblauchzehe ziehen lassen.
Die Silberzwiebeln etwa 15 Minuten in klarem Wasser wässern, um die Säure zu mildern.
Die Champignonköpfe abtropfen lassen und einige Minuten im vorgeheizten Backofen garen. Inzwischen in einer Pfanne die Speckwürfel auslassen, das Fett abgießen und die abgetropften Silberzwiebeln mit etwas Butter dazugeben. Die kleingeschnittenen Champignonstiele hinzufügen und kurz anbraten. Dann Glasschmalz und Milchstern in der gleichen Pfanne gut erhitzen und mit Salz, Pfeffer sowie 1–2 Eßl. Marinade abschmecken.
Die Champignonköpfe aus dem Ofen nehmen, mit der Füllung versehen und sofort servieren.

Grüner Spargel mit Käse

Dieses Gemüsegericht macht wenig Arbeit, läßt sich in ein paar Minuten zubereiten und schmeckt ausgesprochen gut. Gerade im Sommer ist grüner Spargel überall erhältlich. Auf seinen Anbau haben sich viele niederländische und belgische Züchter spezialisiert, er wird aber auch aus Italien, Spanien, Frankreich und Chile eingeführt, wo man ihn seit langer Zeit kennt.
Grüner Spargel braucht nicht geschält zu werden, da er keine faserige Schale besitzt. Allerdings sollten Sie das untere, holzige Ende abschneiden.
Sie können den Spargel in große oder kleine Stücke zerteilen oder die ganzen Stangen in Butter, einer Mischung aus Butter und Öl oder nur in Öl bräunen. Eventuell eine kleingeschnittene Schalotte kurz mitdünsten (der Spargel sollte aber bißfest bleiben). Mit frisch gemahlenem Pfeffer ausgiebig würzen und die heißen, leicht gebräunten Stangen mit geriebenem Käse bestreuen, schwenken und sofort servieren. Sie können den Spargel aber auch in eine feuerfeste Form legen, mit Scheiben Ihres Lieblingskäses bedecken und im Backofen überbacken. (Je mehr Eigengeschmack der Käse hat, desto vorsichtiger sollten Sie ihn verwenden.)

Schlafmohn-schönheit

Von nur kurzer Dauer ist die zartviolette Schönheit der Schlafmohnblüten. Was standhaft bleibt, sind die prallen blaugrünen Samenkapseln, von denen jede einzelne ein helles Rüschenhäubchen trägt und Schlaf in sich birgt. Doch Opium läßt sich nur in wärmeren Gefilden aus den Kapseln gewinnen, in unseren Breiten berauscht allein der Anblick der Pflanze. Und das nachhaltig, denn wenn der Mohnsamen aus den Kapseln nicht geerntet wird und nur wenige Blüten in Blumenbuketten Verwendung finden, kann der Schlafmohn durch Eigensaat jahraus, jahrein erneut erblühen.

Vorhergehende Doppelseite: In diesem weißen Garten dürfen auch Blumen gepflückt werden – Blütenpracht in vielerlei Weißtönen von Creme über Schneeweiß bis zu Nebeldunst: Eibisch, Phlox, Lilien, Rosen und Lathyrus, dazwischen grüne Minze und der Silberton des Wermut, die neben Ammi majus dem Bukett zarten Duft verleihen.

Raps am Wegesrand

Nicht allein im Garten, auch entlang des Weges kann man viel Schönes entdecken, zumal wenn sich Felder und Wiesen in sonnigem Gelb träumerisch im Wind wiegen – und verschiedene Sorten der *Brassica* die Wege säumen. Im April und im Mai blüht der Raps *(Brassica napus* ssp. *napus)*, wobei eine Varietät dieser Pflanze das Land auch im Juli und im August goldgelb erstrahlen läßt.

Raps erreicht eine ansehnliche Höhe von bis zu 120 cm, während die Schwesterpflanze Rübsen *(Brassica rapa* ssp. *oleifera)* 80 cm hoch wird und Wiesen und Felder mit unzähligen Blüten ziert, von denen die ersten sich im April öffnen und die letzten erst im August verblühen.

Zwischen Bahngleisen, an Anlegestegen und ähnlichen Orten findet man den Kreuzblütler Doppelsame *(Diplotaxis tenuifolia)*, dessen Blüten einen intensiven Honigduft verströmen – ideal für einen Platz neben der Haustür!

Windbeutel mit Muschel-Garnelen-Ragout

Als Grundlage für eine Ragout-Sauce eignet sich am besten die gute alte Mehlschwitze (oder Einbrenne), die von den verschiedenen Saucen der Nouvelle Cuisine (einfach nur reduzierte, aber auch mit Butter, Sahne oder Eigelb gebundene Saucen) von ihrem angestammten Platz verdrängt wurde. Dabei ist die Mehlschwitze der Ausgangspunkt für die berühmte Sauce béchamel (mit Milch abgelöscht) und alle Velouté-Saucen (Samtsauce; mit Fond abgelöscht). Eine klassische Velouté erfordert allerdings ein wenig Arbeit; daher sollten Sie die kleinen Windbeutel – mit einem Durchmesser von etwa 5 cm – nach Möglichkeit beim Bäcker besorgen.
Für eine Velouté gibt es die unterschiedlichsten Rezepte; in dem einen wird mehr Mehl als Butter angegeben, im nächsten ist es genau umgekehrt, die dritte Kochanleitung lehnt das Ablöschen mit warmer Flüssigkeit ab, eine vierte schreibt vor, den Fond auf einmal einzugießen. Und da soll ich es besser wissen? Von mir werden Sie keinerlei Ratschläge bekommen, allerdings habe ich die Erfahrung gemacht, daß diese ganzen Einzelheiten gar nicht so wichtig sind.
Versuchen Sie doch einmal das folgende Rezept:
Zunächst müssen Sie sich für eine dick- oder eine dünnflüssige Sauce entscheiden. Dieses kräftige Ragout verlangt nach einer sämigen Sauce. In einer Kasserolle mit schwerem Boden 40 g Butter zerlassen und unter ständigem Rühren nach und nach Mehl hinzufügen, bis die Butter das Mehl aufgenommen hat und die Mischung trocken wird. Auf schwacher Hitze das Mehl schwitzen lassen, dabei weiterrühren, da es leicht ansetzt. Durch das langsame Erhitzen wird die Stärke im Mehl umgewandelt. Nach ein paar Minuten einen zuvor bereiteten kalten oder warmen Fischfond löffelweise in die Mehlschwitze rühren, die nicht vom Herd genommen werden darf. Mit einem Schneebesen oder Holzlöffel unablässig rühren, bis die Sauce sämig wird und durch die sanfte Hitze kleine Luftblasen entstehen. Jetzt noch ein wenig Fond angießen, so daß die Velouté dünner ist als geplant (denn sie muß noch mindestens 30 Minuten leise weitersimmern, bis sie richtig gar ist). Anschließend etwas Petersilie, Schnittsellerie, 1 feingehackte Knoblauchzehe, 1 kleingeschnittene Zwiebel, frisch gemahlenen weißen Pfeffer und 2 Lorbeerblätter dazugeben. Die Aromen eventuell mit einem Stückchen mageren Speck abrunden, und die Sauce kräftig rühren, damit sie nicht anbrennt. Eine zu kompakte Velouté kann mit Fond verdünnt werden.
Anschließend die Sauce durch ein Sieb streichen, rund 60 ml Sahne angießen und auf kleiner Flamme etwa 5 Minuten schwach kochen. Mit Salz und Pfeffer abschmecken und abkühlen lassen.
Wenn man mit einem Stückchen Butter über die Oberfläche der warmen Sauce streicht, bildet sich ein Fettfilm, der verhindert, daß eine Haut entsteht. Sie können die leicht abgekühlte Velouté aber auch im Mixer oder in einer Küchenmaschine aufschlagen; das Ragout wird dadurch besonders zart. Garnelen und Muscheln in die warme Sauce legen, mit frischen Sprossen oder geschmorten Champignons verfeinern und mit Dill oder einem anderen Küchenkraut würzen. Kurz durchwärmen und in die aufgeschnittenen Windbeutel füllen.

Genüsse zwischen Wildblumen

Rübsen, Raps und Wiesenkerbel, die am Wegrand blühen,
sind zu üppigen Sträußen gebunden
willkommener Schmuck festlicher Tafeln und passender Rahmen
für Wachteln, Huhn und Garnelen. Sie erzählen
von einfach bereiteten Speisen edler Natur.

Stubenküken mit Frühstücksspeck und Champignons

Beim Geflügelhändler sind die verschiedensten Hühner- und Kükensorten erhältlich. Französisches Geflügel hat zwar nicht unbedingt ein artgerechteres Leben geführt, aber die französische Warenkennzeichnung bietet meist genauere Angaben zu Herkunft und Alter der Tiere. Im Angebot sind auch Stubenküken oder ›Poussins‹ – kleine, magere Küken, die genau für eine Person ausreichen.
Lassen Sie so ein Stubenküken doch einmal nach dem Anbraten etwa 15 Minuten in einer Morchel-Sahne-Sauce simmern; vielleicht weckt das auch bei Ihnen wehmütige Erinnerungen an gutbürgerliche Küche in einem französischen Landgasthof.
Dieses Rezept schmeckt jedoch völlig anders. Sie benötigen dazu: pro Person 1 Stubenküken, kleine Schalotten, in Stücke geschnittene Champignons, Salz und Pfeffer, pro Stubenküken 2 Scheiben Frühstücksspeck, zusätzlich zwei kleingeschnittene Scheiben Speck und etwas Butter.
Den Backofen auf 225°C vorheizen. Die Schalotten mit den Speckwürfeln und den Champignons ein paar Minuten in Butter schmoren. In der Zwischenzeit die Stubenküken mit Butter einreiben und von der Unterseite mit Salz und Pfeffer würzen; die Oberseite nur mit Pfeffer bestreuen. Die Küken in eine Auflaufform oder einen offenen Bräter geben, mit den Speckscheiben bedecken, dann die Schalotten und Pilze darum verteilen und das Ganze in den vorgeheizten Ofen schieben. Nach etwa 10 Minuten die Temperatur auf 150°C reduzieren, und die Küken weitere 20 Minuten garen lassen.

Wachteln mit Wachteleiern und Knoblauch

Der Titel des Rezepts nennt bereits einen Großteil der Zutaten; außerdem benötigen Sie 500 ml dunkle Rinderbouillon, 1 Glas Portwein, 1 Glas Rotwein, Honig, Lorbeerblätter, Salz und Pfeffer.
Zur Bouillon 1 Eßl. Honig, Portwein, Rotwein, zahlreiche Knoblauchzehen und die Lorbeerblätter hinzugeben und die Flüssigkeit auf schwacher Hitze um die Hälfte reduzieren. Die Wachteln mit etwas Öl bepinseln und 10 Minuten in einem sehr heißen Backofen bräunen, dann aus dem Ofen nehmen (den Ofen aber nicht ausstellen). Die Wachteln mit Salz und Pfeffer würzen und zusammen mit Knoblauchzehen und Lorbeerblättern in eine Auflaufform legen und die reduzierte Bouillon angießen. Die Form sorgfältig mit Folie abdecken und zurück in den heißen Ofen schieben. Nach etwa 30 Minuten die Folie entfernen und etwas Bratenfond über die Wachteln gießen. Das Geflügel noch ein paar Minuten im heißen Backofen knusprig werden lassen. Die in der Zwischenzeit gekochten Wachteleier schälen und zum Garnieren verwenden.

Sijtjes Zeichnung ihres eigenen Gartens

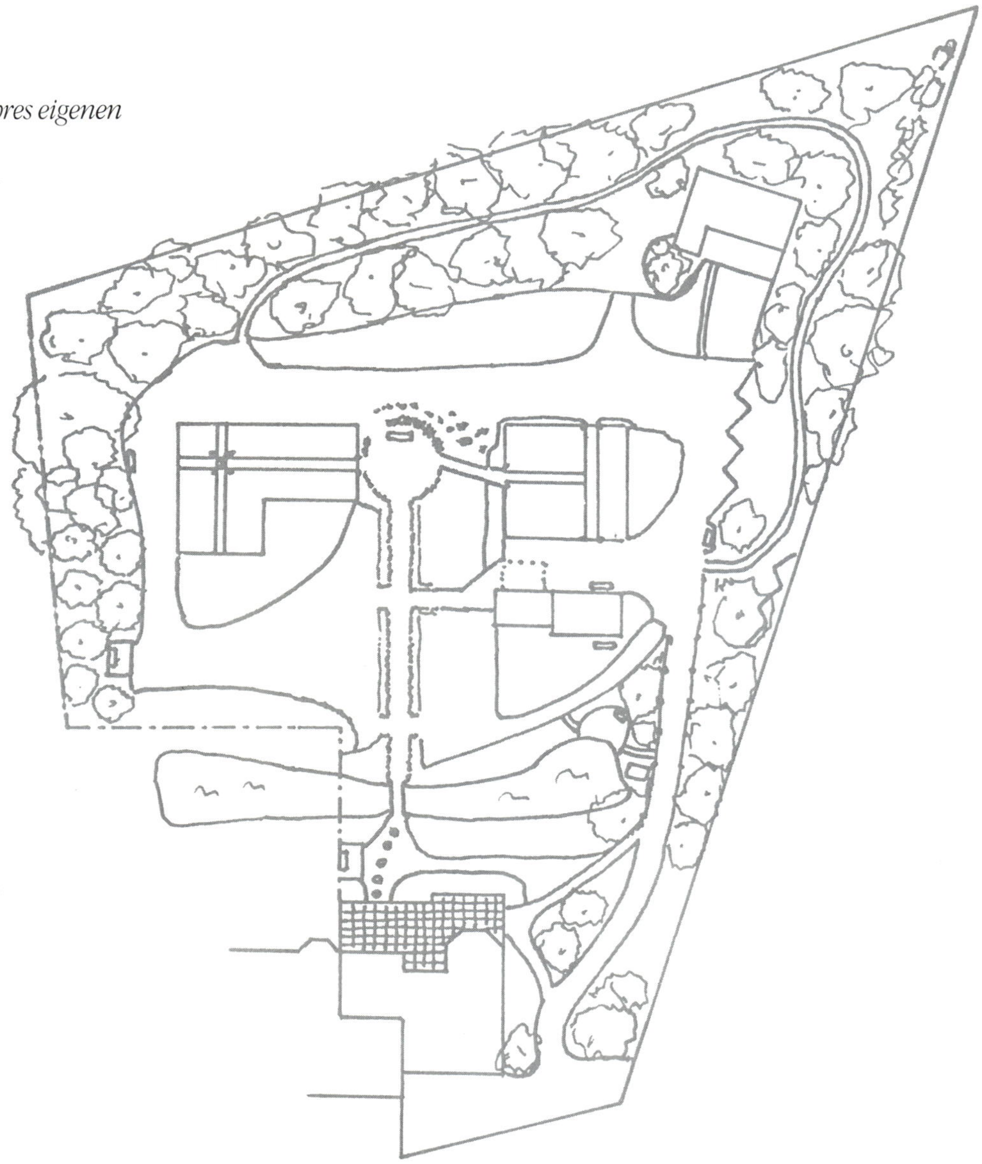

Übersichtlich

Von der gepflasterten Terrasse lassen sich die versteckten Winkel und hübschen Eckchen in Sijtjes Garten nicht auf den ersten Blick erkennen. Hinter dichten Büschen aus dunkelgrünem Rhododendron verbirgt sich der kreuzförmig angelegte weiße Teil des Gartens, der bereits ausführlich vorgestellt wurde und sich genau gegenüber des kleinen violetten Gärtchens befindet.

Ein langer Pfad, von Eibenhecken gesäumt – da Buchs den salzigen Winden und Stürmen nicht gewachsen ist –, verleiht der Fläche Tiefe und führt zu einem Rondell. Daneben liegt der ›Schneeballschuppen‹ mit seiner Holzbank, auf der man ruhen und den Duft der Blüten genießen kann, die die Laube überwuchern.

Ein breit angelegter Teich durchschneidet mit seinem dichtbepflanzten Rand das Land von links nach rechts und sorgt mit seinen Wasserpflanzen, Wassertieren und dem gelegentlichen leisen Plätschern für eine ganz besondere Stimmung.

Wenn man den Garten betrachtet, fällt auf, daß nirgendwo grelle Effekte oder hervorstechende Farben Verwendung fanden. Statt dessen beweisen Pastelltöne in allen Schattierungen, wie perfekt Sijtje das sanfte Kolorieren mit Blumen und Blättern beherrscht – und so eine Quelle der Inspiration für ihre zahlreichen Gäste schuf.

Stilleben mit Blüten und Früchten

Zuweilen hat man Muße genug, den Garten auf beschauliche Weise – ruhig und leise – zu genießen, sich an sprießenden Blüten und reifenden Früchten still zu erfreuen. Man füllt Vase um Vase mit frischen Blumen, häuft Obst und Gemüse einladend auf. Nach milden Wintern früh gereifte Feigen eröffnen den Reigen mit Glashaus-Melonen, dieweil errötende Päonien und blasse Hortensien sich erwartungsvoll in zartgrünen Frauenmantel schmiegen.

Süße Lust

Nicht nur Blumen in Buketten neben Früchten und Gemüsen
reichen einem Tisch zur Zier, auch mit bunten süßen
Kuchenstücken
läßt sich eine Tafel schmücken.
Kleine Kuchen, große Torten,
süß gefüllte Schalen, Schüsseln, Becher
verkünden allen Sinnen,
daß das süße Festmahl nun beginnen
kann. Und auch neben den Gedecken
gibt es ›Süßes‹ zu bestaunen,
wie das lila Sonnenwendenbäumchen, zu dessen Füßen
herzige Stiefmütterchen sprießen,
von Lobelien girlandengleich berankt.

Torten von Puccini, Amsterdam

Fest der Früchte

Warum nicht einmal nur den Sommer feiern mit seinen herrlichen Früchten an Bäumen, Sträuchern und Gewächsen? Köstliches Obst in leuchtenden Farben als Dekoration für ein Fest der Früchte: Beeren, Birnen, Erdbeeren, Pflaumen, Pfirsiche und auch Brombeeren in Pokalen und Glasschalen. Ihre Farben und ihr Duft werden zum Genuß für Augen und Nase, noch bevor man die fruchtige Süße kostet. Denn man steht im ersten Moment vor dem Reichtum gebannt, ehe man zögernd zu naschen beginnt.

Hobbyköche finden hier das Rezept für Crêpes mit Früchten, Eis und saurer Sahne, die gewiß manchem wie die Erfüllung eines sommersüßen Traums vorkommen werden.

Crêpes mit Sommerfrüchten

Aus 3 Eiern, 100 g Mehl und 500 ml Milch einen dünnen Pfannkuchenteig bereiten, und die fertig gebackenen Crêpes noch warm mit einer Portion Eis (vielleicht Pistazieneis, wenngleich Basilikumeis noch besser schmeckt), 1 Eßl. saurer Sahne, die nach Geschmack mit Honig gesüßt wird (z. B. Orangenblütenhonig), sowie 1 Handvoll roter Früchte servieren (lassen Sie der süßen Erdbeere dabei eine besondere Rolle zukommen). Die Kreation wird mit einem Schuß Fruchtcoulis abgerundet. Der Begriff ›Coulis‹ bezeichnet pürierte frische Früchte, die mit Zucker gesüßt und eventuell mit Fruchtsaft oder einem passenden Likör – beispielsweise Crème de Cassis – verdünnt werden.

Folgende Doppelseite:
Appetitliche Fruchtberge in Glasschalen – ein Sommertraum aus Farben und Formen, die die Lust am Betrachten und Schmecken erwecken.

Rote Leckerbissen

Frisch wie die rosigen Wangen des Sommers sind Leckereien aus roten Früchten: Erdbeeren und Himbeeren – dazwischen dunkel schimmernde Brombeeren –, die alle, man sollte es nicht für möglich halten, zu den Rosengewächsen, den *Rosaceae* zählen. Mit ihnen lassen sich tausend Köstlichkeiten schaffen, von einfachen Gerichten bis zu raffinierten Kompositionen. So wird ein Salat schnell zu etwas ganz Besonderem, würzt man ihn mit sogenannter Lavendelminze (manchmal auch als Zitronenminze bezeichnet; *Mentha* × *piperita* var. *citrata*), die berühmt ist für ihr phantastisches Aroma. Die Früchte in der Glasschale (rechts) müssen allerdings mit gewöhnlicher Minze vorliebnehmen.

Erdbeertorte mit Brombeeren

So einfach wie der Name ist auch die Zubereitung dieses Obstkuchens. Der Boden wird aus Mürbeteig gebacken und kann einfach mit einer Füllung aus süßer Schlagsahne oder aus gesüßter Crème fraîche mit Früchten versehen werden. Wichtig ist die Herstellung des Mürbeteigs, bei dem es sich um eine Mischung aus 1 Teil Zucker, 2 Teilen kalter Butter und 3 Teilen Mehl handelt und der deswegen auch ›1-2-3-Teig‹ genannt wird.
In einer Schüssel (oder auf einer Marmorplatte) 75 g Zukker und 150 g in kleine Stücke geschnittene Butter mit 225 g gesiebtem Mehl vermischen. Dann die Zutaten von Hand verkneten, bis eine weiche Teigkugel entsteht, die sich gut von der Schüssel oder Marmorplatte löst. Den Teig in Folie verpackt 30 Minuten im Kühlschrank ruhenlassen, anschließend etwa 5 mm dünn ausrollen und fest in die gewählte Obstkuchenform drücken. Eventuelle Teigreste können Sie auch gut einfrieren.
Den Backofen auf 200°C vorheizen und den Boden auf der unteren Schiene etwa 40 Minuten backen, bis er goldbraun ist. Nach dem Abkühlen mit der Füllung versehen.
Durch einen Tortenguß erhält die Obsttorte einen besonders schönen Glanz. Dazu hellen Fruchtsaft mit in heißem Wasser aufgelöster Gelatine verrühren (1 Blatt Gelatine reicht für 100 ml Saft). Sobald die Gelatine fest zu werden beginnt, den Tortenguß über die Früchte gießen oder mit einem Löffel verteilen.

Roter Obstsalat

Birnenplauderei

Hier wurde Köstliches aus Birnen komponiert, die man zunächst zart pochiert und dann auf Frangipane plaziert.
An Sommerbirnen stehen zur Wahl: 'Packhams Triumph' mit grüner Schale (von August bis November) und 'Clapps Liebling' mit roten Streifen (von Juli bis September), die hübsch in Scheiben angeordnet zum Naschen verführen, während rote Johannisbeeren das zarte Gelb der aromatischen Birnen unterstreichen und der blaugedeckte Tisch noch einmal die Farbe der Glockenblumen auf der linken Seite aufgreift.

Birnentorte mit Frangipane

Ich höre Sie bereits fragen: »Frangipane? Was ist das?« »Das« ist eine Mischung aus Marzipanrohmasse, Butter und Eiern, wodurch das Marzipan zarter wird. Für eine Torte von 24 cm Durchmesser benötigen Sie: 300 g Mürbeteig (Rezept siehe Seite 64), 400 g Frangipane, 1 kg reife, saftige Tafelbirnen und mehrere Johannisbeerrispen als Dekoration.
Für das Frangipane 300 g Marzipanrohmasse mit 125 g Butter und 3 Eiern zu einer homogenen Paste verrühren und auf dem vorgebackenen Mürbeteigboden verteilen. Die Torte etwa 20 Minuten bei 175°C backen und abkühlen lassen. In der Zwischenzeit die Birnen schälen, das Kerngehäuse ausstechen und die Birnen in Scheiben schneiden. In einem Topf 1 l Wasser mit 150 g Zukker aufkochen und die Birnenscheiben darin etwa 2 Minuten pochieren. Anschließend die Scheiben dachziegelartig auf die abgekühlte Torte schichten und mit Johannisbeeren garnieren.
Rezept von Puccini, Amsterdam

Folgende Doppelseite: Noch einmal darf das Obst die Aufgabe der Blumen übernehmen und als Dekor dienen. Wassermelonen – außen grün und innen rot – sind das ideale Gefäß für Kirschen und Trauben und bilden so ein Form- und Farbenspiel, das von kaum einem Bukett zu übertreffen ist.

Mohnsüchtig

Im Juni läßt der Morgenländische Mohn seine Farbenpracht erblühen, und mit Sortenbezeichnungen wie 'Orange Glow' und 'Indian Chief' haben die Züchter versucht, die Leuchtkraft der reinen Farben assoziativ zu beschreiben.
Wer die zarteren Töne liebt, kann aus Rosaschattierungen wählen: 'Cedric's Pink', 'Juliane' und 'Karine', während 'Perry's White' weiße Blüten trägt. Zweifarbig mit frivol geränderten Blüten ist die 'Picotée', aber auch 'Flamingo' zeigt sich mit fröhlich-bunter Randverzierung.
Papaver orientale – ein Fest aus warmer Farbenpracht, die zum Sitzen und Genießen einlädt – dazu eine kleine Köstlichkeit, deren Farbe hervorragend zu den kecken ›Rothäuten‹ paßt.

Pastetchen mit Garnelen-Ragout

Die Zubereitung eines Fisch-Ragouts finden Sie bei dem Rezept für die Windbeutel mit Meeresfrüchten auf Seite 51.
Die Blätterteighüllen kurz im Backofen erhitzen; in der Zwischenzeit die Garnelen in die Velouté geben und ebenfalls erhitzen. Danach die Pastetchen mit dem Ragout füllen.

Folgende Doppelseite:
Ein Mohnfest ist schon imposant,
mit prächtig schönen Farben,
da liegt es beinah auf der Hand,
an Blumen nicht zu sparen.

Sommerklang

Wenn die Sommerknotenblumen blühen und die Sonne strahlend vom Himmel scheint, schwindet die Lust am Kochen und stundenlangen Aufhalten in der Küche, während die anderen bereits faul im Garten sitzen oder zwischen Farben und Wohlgerüchen schlendern.
Richten Sie einfach ein kleines Salatbüfett her, bei dem alles zuvor zubereitet werden kann. Zum Schluß werden nur noch die verschiedenen Vinaigrettes untergemischt und die Platten garniert. Eine gute Möglichkeit, mit wenig Aufwand viel Lob zu ernten.

Pomme tsarine

Bei der ›Pomme tsarine‹ handelt es sich um ein klassisches Gericht, das aufgrund der besonderen Leidenschaft einer russischen Zarin für Kaviar kreiert wurde (obwohl diese Monarchen ohnehin nicht für ihre karge Lebensweise bekannt waren). Ich habe ›Pomme tsarine‹ das erste Mal bei Roger Souvereyns vom Scholteshof in Stevoort bei Hasselt gekostet. Schon das Püree war die Reise wert!
Für 4 Personen benötigen Sie: 4 mittelgroße Kartoffeln, 150 g Butter, 100 ml Crème fraîche, 200 g Kaviar, Salz und Pfeffer.
Die geschälten und in Stücke geschnittenen Kartoffeln in leicht gesalzenem Wasser kochen. Das Wasser abgießen und die restliche Feuchtigkeit kurz verdampfen lassen, dann die Kartoffelstücke mit dem Stampfer oder in der Küchenmaschine zu Püree verarbeiten. Mit einem Löffel nacheinander kleine Butterflöckchen unter das heiße Püree rühren, mit Salz und frisch gemahlenem Pfeffer abschmecken.
Eine Portion Püree auf einen Teller geben, eine Vertiefung hineindrücken und mit Crème fraîche auffüllen. Schließlich großzügig mit Kaviar krönen.

Kleines Salatbüfett

Ein Salat muß nicht notwendigerweise Kopfsalat enthalten. Er kann aus völlig unterschiedlichen Zutaten komponiert sein, wie bei dem Nudel-Mozzarella-Salat in der großen Schüssel, der nur wenig grünen Salat enthält. Nudeln nach Wahl al dente kochen und nach dem Abkühlen Prinzeßbohnen, Zuckerschoten, Erbsen (eventuell aus dem Tiefkühlfach), herrlich süße halbierte Kirschtomaten, frisches Basilikum und kleine Stückchen oder Scheiben Mozzarella daruntergeben. Die Vinaigrette enthält nur wenig Essig, dafür Salz und reichlich frisch gemahlenen schwarzen Pfeffer, außerdem ein gutes Olivenöl, das das Aroma von Tomaten, Basilikum und Käse besonders zur Geltung bringt.

Der Salat mit gegrilltem Spargel läßt sich noch leichter zubereiten. Verwenden Sie dazu verschiedene sorgfältig geputzte und abgetropfte Sorten von Blattsalaten, ausgelassene Speckwürfel, geröstete Pinienkerne, feingeschnittenen Staudensellerie und weißen Spargel. Den Spargel schälen und in leicht gesalzenem Wasser garen. Anschließend die Spargelstangen auf einem heißen gußeisernen Grill mit hübschen braunen Streifen versehen. Das sieht nicht nur appetitlich aus, es verleiht dem Spargel auch einen ganz besonderen Geschmack. Dazu paßt eine Vinaigrette aus Nußöl und Honigessig.

Ein Salat von Riesengarnelen mit frischen Kräutern bereitet ebenfalls keine Probleme. Feingeschnittenen Salat, etwa Eisbergsalat, mit reichlich Estragon, Basilikum, Kerbel, Schnittlauch, Dill oder anderen Kräutern mischen. Sie können auch ein wenig Shiso dazugeben, eine krautartige Pflanze mit grünen oder auberginenfarbenen Blättern. Den Salat mit hartgekochten Wachteleiern dekorieren, und die gebratenen, noch warmen Riesengarnelen hinzufügen. Aus Kräuteressig, einem Schuß süßer Sojasauce, Sesamöl und Traubenkernöl entsteht ein köstliches Dressing mit einer exotischen Note.

Vorn links auf dem Foto sehen Sie einen Hummersalat mit Gurken und Tomaten, für den ein warmes Dressing aus Himbeeressig, einem Schuß Balsamessig, Nußöl und natürlich Salz und Pfeffer angerührt wurde.

Eine ungeschälte Salatgurke in 5 mm dünne Scheiben oder Streifen schneiden sowie einige Tomaten abziehen, entkernen und ebenfalls kleinschneiden. Erbsen nach Geschmack dünsten. In einer Pfanne 2 kleingeschnittene Schalotten in etwas Butter sautieren. Das gekochte, ausgelöste Hummerfleisch in nicht zu kleine Stücke schneiden, mit Salz und Pfeffer würzen und zu den Schalotten geben. Auf starker Hitze rasch durchwärmen, die Erbsen hinzufügen und die Pfanne vom Herd nehmen. Die Tomaten- und Gurkenstücke unterheben und den Salat vorsichtig in eine Schüssel umfüllen, wo Sie ihn mit dem warmen Dressing begießen. Dieser Salat schmeckt aber auch kalt sehr gut.

Zum Schluß bereiten Sie einen KARTOFFELSALAT MIT RÄUCHERLACHS. Einige Kartoffeln kochen und in Scheiben oder Stücke schneiden. Etwas Mayonnaise (Sie können auch ein Fertigprodukt wählen) mit der gleichen Menge Crème fraîche verrühren und eventuell mit 1 Messerspitze Zucker, Salz und Pfeffer und etwas Schnittlauch oder Dill abschmecken. In die Mayonnaise geben Sie dann ausgelassene Speckwürfel, die Kartoffeln und zum Schluß kleine Stückchen Räucherlachs. Sie können statt dessen aber auch Garnelen, geräucherten Heilbutt oder Forelle verwenden.

Charles Heidsieck

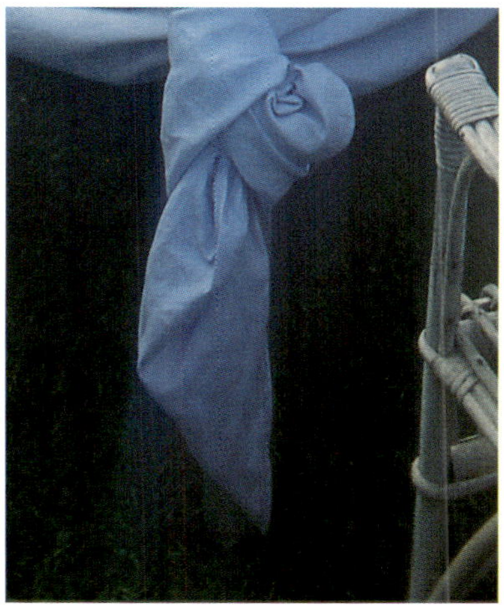

Muschelmahlzeit

Als Faustregel gilt: Die beste Zeit für frische Miesmuscheln sind die Monate, deren Namen mit einem ›r‹ enden.

Muscheln à la crème

Miesmuscheln sollten nicht in Leitungswasser gewässert werden, damit das enthaltene salzige Meerwasser, das entscheidend ist für den Geschmack, nicht verlorengeht. Beschädigte und offene Muscheln, die sich auch nach Anklopfen gegen einen festen Gegenstand nicht schließen, entfernen. Vor der Zubereitung sollten die Schalen kräftig gebürstet und die Muscheln entbartet werden. Mit dem folgenden Rezept können Sie die leckersten Muscheln à la crème zubereiten, die Sie je gegessen haben: Für 4–6 Personen rechnen Sie 3 Beutel Muscheln (à 1,5 kg). In einer großen, schweren Pfanne mit hohem Rand 50 g Butter zerlassen. 2 Zwiebeln, 2 Porreestangen und 1 Möhre kleinschneiden und zusammen mit 6 gehackten Knoblauchzehen, 3 Lorbeerblättern, einigen weißen Pfefferkörnern, etwas Thymian, Petersilie, Schnittsellerie und 25 g kleingeschnittenem Frühstücksspeck in die Pfanne geben. Alles einige Minuten leise schmoren lassen, nicht anbraten. Ein großes Glas trockenen Weißwein und 500 ml Sahne hinzufügen. Die Sauce erneut aufkochen und mindestens 30 Minuten leise simmern lassen. Während dieser Zeit geben die Kräuter und das Gemüse alle Geschmacksstoffe ab. Die Sauce abseihen, erneut erhitzen, die Muscheln dazugeben und kurz mitkochen. Zwischendurch mehrmals rütteln. Die Muscheln sind gar, wenn sich alle Schalen geöffnet haben. Die Muscheln aus der Sauce heben und warm stellen. Die Sauce abschmecken und mit kalter Butter montieren: dadurch läßt sich der Geschmack zusätzlich verfeinern. Die Muscheln wieder in die Sauce geben und servieren.

Nehmen Sie Platz!

Wer wollte da noch länger zögern, köstliche Leckereien auf der Terrasse zu schmausen, während die Sonne Herz und Seele erwärmt? Eine Quiche mit viel Gemüse und Käse und warme Kalbshackbrötchen mit feinen Kräutern – ideal für Sonnenanbeter, die jetzt lieber faul und genießerisch im Garten sitzen, anstatt Stunden in der Küche zu vertrödeln. (Auch die Stiefmütterchen mit ihren freundlichen Gesichtern dürfen sich auf einem blauen Stuhl ausruhen.)

Gemüse-Quiche

Diese Quiche enthält weniger Sahne als üblich und eignet sich daher auch für Figurbewußte; außerdem ist sie rein vegetarisch. Sie benötigen: eine Obstkuchenform von 24 cm Durchmesser, genügend Blätterteig, die kleingeschnittenen weißen Blattscheiden von 2 Porreestangen, 1 grüne und 2 rote Paprikaschoten, 150 g Champignons, 1 Zwiebel, 250 g Magerquark, 250 g Hüttenkäse, 50 g geriebenen Käse, 5 Eier, 50 g Schlagsahne, Salz, Pfeffer und Petersilie. Die Form mit dem Blätterteig auslegen und den Boden blindbacken. Die grüne und eine der roten Paprikaschoten putzen und in Würfel schneiden und zusammen mit dem kleingeschnittenen Porree und den Champignons auf der Quiche verteilen.
In einer Küchenmaschine die kleingeschnittene Zwiebel, Quark, Hüttenkäse, den geriebenen Käse, Eier, Sahne und Petersilie verrühren und mit Salz und Pfeffer abschmecken. Den Guß über dem Gemüse verteilen, und die Quiche etwa 45 Minuten bei 175–200°C im Backofen backen. Vielleicht decken Sie die Quiche während der ersten halben Stunde mit Alufolie ab, damit der Blätterteig nicht zu braun wird. Die fertige Quiche kann mit der zweiten roten Paprikaschote und kleingeschnittenen Champignons garniert werden.

Rezept von Puccini, Amsterdam

Warme Kalbshackbrötchen

Diese kleine Zwischenmahlzeit ist im Nu zubereitet: 500 g Hackfleisch vom Kalb mit Salz, Pfeffer, 1 Ei, 1 Eßl. Senf, frisch gehacktem Estragon und Thymian, 1 kleingeschnittenen Zwiebel, 1 Eßl. süßer Sojasauce, einem Schuß Sherry und etwas Sahne sorgfältig verkneten. Von mehreren kleinen Brötchen die Oberseite abschneiden, die Brötchen nicht zu tief aushöhlen und von innen mit würzigem Senf bestreichen.
Das Hackfleisch in einer Pfanne gut anbraten, bis es fast gar ist, dann in die Brötchen füllen und mit der oberen Brötchenhälfte zudecken. Anschließend die Brötchen etwa 15 Minuten in einem auf 170°C vorgewärmten Backofen erhitzen. Dabei dringt der restliche Fleischsaft in die Brötchenhülle und sorgt so für einen köstlichen Geschmack.

Hunds-zunge in Himmel-blau

Stark verzweigt und blau – das kann nur eine Hundszunge sein, die aus ihren Knospen tiefblaue Blüten hervorbringt und schnell alle Beete füllt – für die Hundszunge *(Cynoglossum)* nichts Ungewöhnliches, deren Name fast wörtlich übersetzt ist. Man muß die Blüten aus der Nähe betrachten, denn der Blauton schwindet mit der Entfernung und wird wie Dunkelrot und -grün von weitem nicht mehr wahrgenommen. Blau sind auch die zahlreichen Blüten der *Cynoglossum amabile,* die schnell und fruchtbar, stämmig und stark zum Farbenspiel des Gartens beitragen. Das griechische ›glossa‹ – Zunge – spielt auf die Form der Blätter an, deren hübscher grauer Glanz schön mit dem Blau der Blüten harmoniert.

Bildschönes Blau

Und so entstand der Wunsch, verschiedene Blautöne nebeneinander zu pflanzen und einer im Garten bisher wenig beachteten Farbe all die Aufmerksamkeit zu schenken, die ihr zusteht, ist sie doch in vollkommener Harmonie wie ein Wirklichkeit gewordener Traum: Violett, Lila, Azur und Himmelblau fügen sich zu einem wunderschönen Gartenbild zusammen.

Hier stehen imposante Lupinen mit hellblauen und weißen Blütenkerzen neben ranker, schlanker Katzenminze. Und der Storchschnabel findet sich in zahlreichen Blautönen, während Rhododendron einen Rahmen für diese Pflanzen bildet, die das Auge ruhen lassen und trotz (oder gerade dank) ihrer ausgewogenen Komposition den Eindruck erwecken, als wären sie schon immer so gewachsen.

Ein Korb voll Ernteglück

Ein Garten, so reich an herrlichen Gewächsen, lädt ein zum Pflücken, Ernten, Schneiden – und füllt die Körbe mit Köstlichkeiten wie Artischocken, Radieschen, Radicchio, Trauben und jungem Porree. Ein solcher Korb dient nicht nur zur Ernte, er wird mit Blumen zum Dekor und schmückt mit seinem Anblick die Tische in Haus und Garten. Daneben stehen Zierrhabarber und Rittersporn und verkünden mit großer Geste, daß die Freuden des Sommers nun beginnen und auch sie für das eine oder andere Bukett gepflückt werden möchten.

Von Natternkopf und Schlafmützchen

Der Natternkopf als letzter Gruß an die Farbe Blau, die nun langsam das Feld räumt für andere Töne, die in Töpfen, Beeten, Schüsseln und Schalen bereits darauf warten, von weiteren Köstlichkeiten zu berichten. Das gar nicht schläfrige Schlafmützchen spielt hier den Boten für kommende Ereignisse in fröhlich bunten Farben.

Rosenrot und Apricot

Als Pendant zum Blau folgt Apricot, nicht in Form von Aprikosen,
sondern auf Rosen, Granatäpfeln und Beeren – in Arrangements,
die das Verlangen nach Farbe stillen. Die Torte
wurde fertig gekauft, allerdings ohne Verzierung.
Und nun krönt sie in rosenreicher Garnierung
die Tafel. Doch bevor man Rosen in Zuckerguß kleidet,
sollte man sich des Duftes versichern, da nur von einer duftenden Sorte
sich das Aroma bewahren und als Geschmack versiegeln läßt.
Es sind 'Leontine Gervais', 'Lady Hillingdon', 'Gloire de Dijon'
und 'Alchymist', die feinen Duft mit herrlichem Apricot vereinen.

Zwischen Äpfeln und Minze

Inzwischen reifen Beeren am Holunderstrauch, dessen feines Blütenaroma bereits im Sirup schlummert und in einem erfrischenden Getränk zu neuem Leben erwacht. Aber auch die reifen Holunderbeeren sollte man nicht ungenutzt lassen, sondern zu Getränken, Sirup und Gelee verarbeiten, damit sie auf vielfältige Weise zur Geltung kommen. Diese Aufnahme entstand in Sijtjes Obst- und Kräuterecke, dem ›Apple- and Mintgarden‹, der Kräuter und Äpfel für weitere Leckerbissen liefert. Hier folgt das Rezept für ein Gelee aus Äpfeln und Minze.

Apfel-Minz-Gelee

Für 3 Gläser Gelee benötigen Sie: 1 kg Kochäpfel (am besten Holzäpfel oder grüne Falläpfel, die aufgrund ihres hohen Pektingehalts weniger Gelierzucker erfordern), 6 Eßl. Minzblüten, 4 Eßl. Minzblätter, 350 ml Apfelessig, 350 ml Wasser und etwa 750 g Gelierzucker.
Die Äpfel in Stücke schneiden, mit Apfelessig, Wasser und 2 Eßl. Minzblättern in einen Topf geben und 30 Minuten leise simmern lassen. Zur Saftgewinnung die heiße Apfelmasse durch ein Seihtuch in eine Schüssel tropfen lassen. Das dauert mehrere Stunden und geschieht am besten über Nacht.
Den Saft abmessen und pro 100 ml Flüssigkeit 100 g Gelierzucker hinzufügen (bei Falläpfeln etwas weniger). Das Ganze noch einmal 4 Minuten sprudelnd kochen lassen. Sie können das Gelee auch mit gewöhnlichem Haushaltszucker süßen und ein flüssiges Geliermittel verwenden. Das Gelee etwas abkühlen lassen, die Minzblüten und -blätter darunterrühren und in sterilisierte Gläser füllen.

Folgende Doppelseite: Ein sommerliches Erntefest in Grün und Weiß – mit Frühlings- und Lauchzwiebeln, weißen Auberginen, Fenchel, Zucchini und Mini-Patissons, mit Kürbissen, Kohlrabi, jungen Artischocken, langen weißen Radieschen (auch Eiszapfen genannt) und kräftigem Pak-Choi.

Weißgedeckt

Schauen wir noch einmal in den weißen Garten, der mittlerweile in voller Blüte steht. Hoch über allen anderen Pflanzen wehen die zarten geteilten Blätter der *Aralia elata,* die flauschige cremefarbene Blütenbüschel hervorbringt. Weiter unten befinden sich die zartgrünen Blüten der *Hydrangea arborescens,* die sich aber auch als Bodendecker verbreitet; und dazwischen geben *Verbascum blattaria* mit ihren weißen Blütenkerzen und Glockenblumen sich redlich Mühe, eine ähnliche Höhe zu erreichen.
Die Glockenblume (*Campanula latifolia* 'Alba') steht gern im (Halb-)Schatten und bewahrt ihre Samen nach der weißen Blütezeit in dicken, runden und grünen Samenkapseln.
Auf halber Höhe reckt die Sterndolde *(Astrantia)* ihr freundliches, silbern glänzendes Blumengesicht.
Und *Gypsophila* erfreut uns weiterhin mit weißen Miniwolken, zu denen sich Blüten der lieblichen *Nemophila maculata* gesellen – auch Hainblume genannt –, die man wegen ihrer blauen Streifen besonders schätzt.

Pastelltöne
hell und zart

Großen Puderquasten gleich stehen die fedrigen Kugelakazien über einer Pastellimpression, die ihre Rosatöne *Phlox, Astilbe* und (ganz oben) *Filipendula* verdankt, während Artemisien das Silber beisteuern. Inmitten heller Farben vertieft sich das dunkle Blauviolett der Blüten des Eisenhuts. Und Frauenmantels zart gelbgrüner Blütenflor bringt jedes Violett zum Leuchten.

Muskateller-Salbei *(Salvia sclarea)* – schön wie silberlila Nebel – spielt mit seinen zarten Büscheln die Rolle des Vermittlers. Aus einem solchen Garten darf man ungestraft auch Schätze bergen – wie etwa diese Blumenpracht im Hintergrund des Stillebens mit Früchten, dem Quitten zarten Duft verleihen.

Blumenarrangement ›Fleur Lugard‹, Huis ter Heide

Kartoffelkontroverse

Und dann beginnt die Zeit der neuen Kartoffeln. In dunkler Erde reifen sinnbetörende Sorten wie 'Timate' oder 'Truffes de Chine' (klein und schwarz und violett von innen) –, aber für diese Rezepte eignet sich die ganz gewöhnliche Kartoffel immer noch am besten: Kartöffelchen mit Pfifferlingen, Kartoffelchips mit frischem Lachs, Kartoffel-Quiche, Kartoffelsuppe und als Krönung dieser Kartoffelparade ›Pomme tsarine‹ als Leckerbissen. (Seien Sie nicht gleich entmutigt, so teuer wie der Name glauben macht, muß diese Delikatesse nicht sein, denn auch roter Kaviar ist ein Genuß.)

Kartoffel-Sellerie-Quiche

Zuerst bereiten Sie ein Selleriepüree (etwa 250 ml), dessen Rezept Sie auf Seite 197 finden. Anschließend drei große, rohe Kartoffeln (600 g) grob reiben, mit dem Selleriepüree, ausgelassenen mageren Speckwürfeln und 1 in hauchdünne Ringe geschnittenen Zwiebel vermischen. Dann 5 Eigelb, 2 Eier und 250 ml Sahne verrühren, mit Salz und Pfeffer abschmecken und unter das Kartoffel-Sellerie-Püree geben. Nun einen zuvor aus Blätterteig gebackenen Boden mit der Mischung füllen, sorgfältig mit Alufolie abdecken und in einem auf 175°C vorgeheizten Backofen 30–45 Minuten backen. Sobald die Quiche fest wird und die Kartoffeln gar sind, die Folie entfernen und die Gemüsetorte noch einmal in den Backofen stellen, bis sie schön braun ist.

Kartoffelsalat

Ein Kartoffelsalat aus kleinen, leckeren Kartoffeln, Pfifferlingen, schwarzen Oliven, Schnittlauch, Mayonnaise und feingehackten Schalotten.
Die kleinen Kartoffeln kochen, das Wasser abgießen und die restliche Feuchtigkeit gut verdampfen lassen. Die feingehackten Schalotten in Butter sautieren, dann die nicht zu klein geschnittenen Pfifferlinge auf schwacher Hitze mitdünsten. Die Pilze sind natürlich zuvor sorgfältig geputzt worden. Dazu verwendet man am besten einen kleinen Pinsel. Sie können die Pilze aber auch unter fließendem Wasser reinigen; allerdings müssen sie anschließend sofort in der Salatschleuder getrocknet werden. Die Pilze nicht zu lange dünsten (sie sollten bißfest bleiben) und mit Salz und Pfeffer würzen. Den Schnittlauch fein schneiden, zusammen mit den ganzen oder kleingeschnittenen Oliven über die abgekühlten Kartoffeln geben und mit der Mayonnaise verrühren, die durch Sahne, Crème fraîche und etwas Senf besonders schmackhaft wird. Nun die gebratenen Pfifferlinge über den Salat streuen. Mir persönlich schmeckt dieser Salat noch besser, wenn die gekochten Kartoffeln in etwas Olivenöl goldbraun gebraten werden.

Pomme tsarine als Appetithäppchen

Auf Seite 74 finden Sie das vollständige Rezept für die berühmte ›Pomme tsarine‹, die speziell für eine russische Zarin kreiert wurde. Diese fürstliche Vorspeise kann man natürlich auch als kleinen Leckerbissen, etwa bei einem festlichen Empfang, reichen. Dazu geben Sie eine kleine Menge Kartoffelpüree (oder eine winzige Kartoffel) auf einen Löffel, streichen etwas Crème fraîche darüber und krönen mit einem Löffelchen Kaviar. Sehr schmackhaft – und ausgesprochen appetitlich – ist auch Lachsrogen.

Vichyssoise Kartoffelcremesuppe mit Porree

(Diese Suppe kann warm oder kalt serviert werden.)
Für 6–8 Personen benötigen Sie: 1 kg Kartoffeln, 1 große Zwiebel, 1 kg weiße Porreeblattscheiden, 1 l Geflügelfond (siehe Rezept Seite 204/205), 200 ml Crème fraîche, 200 ml Crème double, Salz, frisch gemahlenen weißen Pfeffer, Zitrone.

Die Porreeblattscheiden und die Zwiebel in kleine Stücke schneiden. In einer Kasserolle Butter zerlassen und Porree- und Zwiebelstückchen darin 5 Minuten sautieren. In der Zwischenzeit die Kartoffeln schälen, in Stücke schneiden und ebenfalls in die Kasserolle geben; mit Fond ablöschen. Das Ganze erneut langsam erhitzen und so lange leise simmern lassen, bis alle Zutaten gar sind. Die Mischung etwas abkühlen lassen und lauwarm im Mixer pürieren, dann die Crème fraîche darunterrühren. Nun die Suppe völlig abkühlen lassen, mit der Crème double verrühren und mit Salz und Pfeffer (und eventuell etwas Zitronensaft) abschmecken.

Diese Suppe kann natürlich auch warm gereicht werden. Aber im Sommer ist eine kalte Vichyssoise eine willkommene, köstlich-kühle Erfrischung, die sich mit Julienne von Salatgurke noch verfeinern läßt und für Genießer zusätzlich mit einem Löffel Kaviar (oder Lachsrogen) abgerundet werden kann.

Kartoffelblätter mit frischem Lachs

Für 4 Personen benötigen Sie:
4 frische Lachsfilets à 100 g,
2 Kartoffeln, Sonnenblumenkernöl, etwas Butter, Salz und Pfeffer.
Die Kartoffeln sollten eigentlich mit einer Schneidemaschine in hauchdünne Scheiben geschnitten werden. Da sie etwas Feuchtigkeit abgeben, haften sie gut aneinander. Jeweils 5–6 Scheiben so schichten, daß sie einander halb überlappen und eine Art Blüte entsteht. Den Boden einer großen Bratpfanne mit hohem Rand etwa 1 cm hoch mit Sonnenblumenkernöl bedecken, das Öl erhitzen und die Kartoffelscheiben vorsichtig in das heiße Öl gleiten lassen. Die fertigen Kartoffelblätter mit einem Schaumlöffel aus der Pfanne heben und auf Küchenpapier sorgfältig abtropfen lassen.
Die Lachsfilets der Länge nach halbieren und mit Salz und Pfeffer würzen; dann von einer Seite in etwas Butter sautieren, während die andere Seite rosa und warm, aber doch roh bleibt, denn so schmeckt Lachs am besten. Nun müssen die Zutaten nur noch übereinander geschichtet werden: Kartoffelblätter, Lachsscheiben, dann wieder Kartoffelblätter usw. Etwas Beurre blanc angießen und sofort servieren.

Beurre blanc

Sobald man einmal die Technik beherrscht, zählt die Zubereitung der Beurre blanc zu den einfachsten Aufgaben. Außerdem werden sich Ihre Gäste voller Bewunderung fragen, wie Sie diese Sauce nun wieder gezaubert haben. Allerdings sollten Sie genau wissen, wie Sie vorgehen müssen.
Die Beurre blanc ist eine Emulsionssauce, bei der zwei einander abstoßende Zutaten eine Verbindung eingehen. Bei einer Mayonnaise wären das beispielsweise Eigelb und Öl, während bei der Beurre blanc Butter und eine Mischung aus Wasser und Gewürzen, genannt ›Castric‹, miteinander verbunden werden. Allerdings sollten Sie zuerst einmal mit Wasser und Butter üben: in einer Kasserolle ½ Glas Wasser erhitzen und mit einem Schneebesen kalte Butterflocken (insgesamt 100 g) unter das heiße, aber nicht kochende Wasser schlagen. Sobald sich die Butter auflöst und die Emulsion hergestellt ist, kann man die Sauce ganz kurz stark aufkochen. Das stabilisiert die Emulsion, aber dennoch ist sie nicht von Dauer: wenn die Sauce zu lange steht, trennen sich die Bestandteile wieder.
Wenn Sie jetzt das Wasser durch eine Würzflüssigkeit ersetzen, bekommen Sie die gewünschte Beurre blanc. Da die Butter den Geschmack aufnimmt, aber gleichzeitig auch verdünnt, sollte die Würzflüssigkeit relativ konzentriert sein.
Die Würzflüssigkeit für die Beurre blanc bereiten Sie folgendermaßen: In einer weiten Kasserolle 500 ml Weißwein, 500 ml Wasser, 1 Schnapsglas Weißweinessig, einige Pfefferkörner, 2 Lorbeerblätter, 1 Teel. getrockneten Thymian (falls Sie frischen Thymian haben, nehmen Sie etwas weniger), 1 kleinen Rosmarinzweig (oder 1 Teel. getrockneten Rosmarin), 1 große, in Stücke geschnittene Zwiebel, 1 dicke, in Scheiben geschnittene Porreestange, 1 Bund Petersilie, 1 Handvoll Schnittsellerie und ein paar Knoblauchzehen erhitzen und auf kleiner Flamme sehr langsam simmern lassen. Je stärker die Flüssigkeit einkocht, desto intensiver wird ihr Geschmack, den sie den mitkochenden Zutaten entzieht. Wenn dieser Fond auf ein Fünftel der ursprünglichen Menge reduziert ist, die Flüssigkeit abseihen und alle Kräuter und Gemüsestücke gut ausdrücken, da sie noch sehr viel Saft enthalten.
Nun können Sie die Beurre blanc zubereiten und sie mit etwas Salz abschmecken (aber erst probieren!). Die restliche Würzflüssigkeit läßt sich problemlos einfrieren.
Da Sie jetzt wissen, wie diese Sauce angefertigt wird, lassen Sie doch einmal einen süßen Sherry oder einen weißen Wermut mitkochen. Sie können die Sauce aber auch mit Honig süßen oder mit Crème fraîche verfeinern. Auf jeden Fall sollten Sie verschiedene Rezepturen ausprobieren, denn das Experiment ist die Basis der hohen Kunst des Saucenkochens.

Rosazartes Lachsfilet und frisch fritierte
Kartoffelblätter haben sich gefunden –
solche mit sanfter Beurre blanc servierte
Delikatesse wird königlich munden.

Ein Sommer-regen-traum

Wenn ein linder Sommerregen
den Garten in zarten Nebel hüllt
und sich jede Pflanze
genießerisch mit Wasser füllt
sollten wir uns mit ihnen freuen
und uns nicht scheuen
Türen und Fenster weit zu öffnen
wie sonst nur an schönen Tagen
Tisch und Stühle herbeizutragen
um in duftschwerer Luft
Atem zu schöpfen.

Duftiger Genuß

Dichte, duftende Kissen rosafarbener Federnelken *(Dianthus plumarius)* mit zarter Blütenzeichnung erfreuen uns bereits sehr früh im Jahr. Aber diese fedrigen Blüten bieten nicht nur einen schönen Anblick, sondern sind auch in Obstsalat oder auf herzhaften Leckerbissen ein Genuß; und da ihr Geschmack an Gewürznelken erinnert, lassen sich sicher noch weitere Rezepte erfinden.

Aber auch die Rosen zählen zu den kulinarischen Kostbarkeiten, denn mit ihrem schönen Duft eignen sie sich auch zum Kochen. In den sechziger Jahren züchtete David Austin diese Rosensorte und ehrte damit das Blumenmädchen Constance Spry. 'Constance Spry' blüht leider nur einmal im Sommer, dafür aber in einer solchen Fülle und mit einem so betörenden Duft, daß man zu träumen glaubt.

Zarte Spitze

Wer nach der Wiesenkerbelblüte auf tanzendes Weiß glaubte verzichten zu müssen, wird sicher erfreut die duftigen Blütenschirme von *Ammi majus* begrüßen. Wie mit zarter, lockerer Spitze füllt sie Rabatten und Bukette.
Hier zieht sie einen transparenten Schleier zwischen Rosenstöcke, die sich unter ihrer lieblichen lila Blütenlast zu Boden neigen: die Rankrose 'Veilchenblau' bildet solche Blütenkaskaden, wenn man sie auf einen Stamm propft.
Aber auch das allerliebste kleine Sträußchen aus Zierzwiebel, *Lathyrus* und *Acanthus* bietet in seiner Artischockenvase ein Bild der Harmonie.

Zuweilen ist es eine Gruppe zartgetönter Pflanzen, bei deren Anblick man sich mit stiller Freude der Schönheit dieser Welt wieder bewußt wird.

Sanftes Grün umfängt silbernes Grau, zärtlich umspielt von lieblichen Rosatönen kleiner Blüten, deren meist rundliche Gestalt sich von den schmalen Blattformen abhebt.

Tee ohne Törtchen

Was wäre eine ›teatime‹ ohne Törtchen, Sahne, Obst und Zuckergebäck? Was haben Toast mit Lachs, Avocados, Speck oder Kaviar-Rührei und kleine Quiches und Pizzas denn hier zu suchen? Was sollen die Muscheln und die Datteln mit der Gänseleber (oder Banane), was die Ravioli mit Pilzen und auch der Schinken auf dieser ›Kaffeetafel‹? Das ist der allerneueste Schrei, es nennt sich ›tea‹, ist aber herzhaft und pikant und läßt sich ganz leicht zubereiten: im Handumdrehen füllt sich der Tisch mit köstlichen Leckereien.

Eine Impression aus Sijtjes Garten mit Rabatten und Beeten in passenden Farben erfreut das Auge mindestens so sehr wie diese herrliche Teezeremonie, die unter dem Tisch auch Flaschen mit kostbarem Naß zu bieten hat!

Vorhergehende Doppelseite: ›Hexenkugeln‹ wurden die spiegelnden Rosenkugeln früher genannt, da die Hexen vor ihrem eigenen Spiegelbild erschraken und flohen. Heutzutage spiegeln die Kugeln die Ruhe und Schönheit des Gartens und verleihen dieser Pflanzengruppe aus Rosen und Muskateller-Salbei eine intensive Kraft und Ausstrahlung.

Sandwich für den Grafen

Der Earl of Sandwich wäre höchst zufrieden, könnte er all die herrlichen Toastkreationen sehen, die auf diesen Fotos abgebildet sind. Und sicher fühlte er sich sehr geehrt, daß all die belegten Brote seinen Namen tragen.

Sandwiches

Eine größere Menge dünn geschnittenes Weißbrot (ohne Kruste) hellbraun toasten. Einen Teil der Toastscheiben mit einem Salatblatt (gewaschen und gut trockengetupft) belegen, darauf eine Scheibe Räucherlachs geben und mit einer hauchdünnen Zitronenscheibe garnieren. Mit frisch gemahlenem Pfeffer können Sie das Räucherlachs-Sandwich abrunden.
Für das Sandwich mit Frühstücksspeck eine Scheibe Toast sehr dünn mit Senf bestreichen und mit einem Salatblatt belegen. Den Frühstücksspeck in einer gußeisernen Pfanne mit wenig Butter knusprig braten, auf das Salatblatt legen und mit einer weiteren Scheibe Toast bedecken.
Für das Avocado-Sandwich streichen Sie das Fruchtfleisch einer reifen Avocado durch ein Sieb und verarbeiten es mit Zitronensaft, Tabasco und etwas Sahne zu einer Creme. Mit Salz und Pfeffer abschmecken und auf Toastscheiben streichen. (Zur Abwechslung können Sie das Brot auch in Phantasieformen schneiden.) Zum Schluß das Sandwich mit Lachsrogen und (rotem) Basilikum garnieren.
Für das Rührei-Sandwich werden mehrere Eier mit etwas Sahne, viel frisch gemahlenem schwarzem Pfeffer und Salz verquirlt. Die Eimasse in eine leicht erwärmte beschichtete Pfanne geben, unter ständigem Rühren langsam erhitzen und sorgfältig abschmecken (nicht zu viel Salz). Sobald es stockt, das Rührei aus der Pfanne direkt auf das Brot geben. Dieses einfache Sandwich schmeckt so bereits köstlich, aber wenn Sie es erst mit einem Löffel Kaviar verfeinern …

Minipizza

Fast an jeder Ecke findet man heutzutage eine Pizzeria. Besorgen Sie sich dort etwas Pizzateig oder bereiten Sie den Teig mit Hilfe einer Fertigmischung zu. Den Teig zu mehreren kleinen Kugeln verkneten und diese dann zu kleinen Pizzaböden von 8 cm Durchmesser ausrollen. Die Böden mit Tomatenmark und Pesto (aus dem Glas) bestreichen und mit dünnen Zwiebelringen, Tomatenstückchen, einer Scheibe Mozzarella, Oliven und Basilikumblättern belegen.
Die Minipizza mit frisch gemahlenem Pfeffer bestreuen und in einem auf 180°C vorgeheizten Backofen etwa 10 Minuten backen.
Diese Minipizza ist kalt genauso schmackhaft wie frisch aus dem Ofen.

Tea for Two?

Was bei einer Einladung zum Tee nicht alles passieren kann … dort, in einer Ecke versteckt, schmaust ein Pärchen ohne falsche Bescheidenheit alle Gänseleber-Datteln, während andere sich über die Muscheln hermachen (und nur die blauen Glockenblumen schauen zu). Aber auch vor Raviolis und Lachs-Quiche macht man nicht halt … und da verschwindet doch einer mit der ganzen Schüssel! Zieht sich zurück auf eine kleine Bank (eigentlich auch eine Form von Dank dafür, daß alles so lecker zubereitet ist) und bittet um ein Täßchen Tee!

Muscheln in Kräuterbutter

Aus Butter und sehr fein geschnittenem Porree, Schalotten, Petersilie, Schnittsellerie, Knoblauch, Estragon und Dill eine Kräuterbutter zubereiten. Außerdem benötigen Sie Paniermehl. Die rohen Muscheln nicht kochen, sondern ohne weitere Zutaten in einer Pfanne stark erhitzen, wobei sie sich öffnen. Die leere Schale entfernen und die mit der Muschel gefüllte Schale mit Kräuterbutter bestreichen, anschließend mit Paniermehl bestreuen. Die Muscheln auf eine feuerfeste Platte legen und im sehr heißen Backofen grillen. Sobald die Butter brutzelt und das Paniermehl schön braun wird, sind die Muscheln gar.

Mini-Quiches mit Lachs

Die Zubereitung einer Quiche ist in verschiedenen Rezepten (siehe Seite 78, 98 und 203) beschrieben. Für diese Mini-Quiches werden aus Blätterteig kleine Tortelettes gebakken und mit einer Mischung aus Sahne, einem Ei und Gewürzen gefüllt. Anschließend kleingeschnittene Scheiben Räucherlachs in dieser Masse ›versenken‹. (Vielleicht sind bei der Zubereitung der Räucherlachs-Sandwiches Reste angefallen, die Sie hier verwerten können.) Die Mini-Quiches im Backofen vorsichtig backen, bis die Füllung fest und gar ist.

Gefüllte Datteln

Die Datteln auf einer Seite etwas öffnen und den Kern entfernen. Den Hohlraum mit gesalzener und gepfefferter Gänseleber auffüllen. Die Datteln in hauchdünne Scheiben Frühstücksspeck wickeln, die Sie mit einem Zahnstocher feststekken. Das Ganze bei 170°C fritieren, bis der Frühstücksspeck zartknusprig ist. Dann ist auch die Gänseleber rosig. Falls Sie »nicht schon wieder Gänseleber!« verwenden möchten, probieren Sie es doch einmal mit kleinen Bananenstückchen, die den Datteln einen überraschenden Akzent verleihen.

Ravioli

In asiatischen Feinkostläden sind auch chinesische, hauchdünne Nudelteigplatten erhältlich, die so gut sind, daß man sie selbst kaum besser zubereiten kann. Für die Füllung eine kleingeschnittene Zwiebel, rohen Schinken, Shiitake-Pilze, Salz, Pfeffer und frisch gehacktes Basilikum mit etwas Butter in einer Pfanne kurz sautieren. Die Füllung leicht abkühlen lassen. Mit einem verquirlten Eiweiß ein Stück Nudelteig anfeuchten, etwas von der Füllung daraufgeben und mit einem zweiten, ebenfalls angefeuchteten Stück Nudelteig bedekken. Die Lagen fest andrücken, und darauf achten, daß nicht zu viel Luft mit eingeschlossen wird. Die Ravioli mit Hilfe eines runden Plätzchenförmchens sauber beschneiden und etwa 5 Minuten in siedendem Wasser garen.

Folgende Doppelseite: Nicht nur der Garten lockt mit Genüssen – auch unterwegs kann man die Ruhe des Landlebens kosten: Kühe im kühlen Schatten der Bäume, Erfrischung suchend im Wasser, auf dem Enten leise schnatternd ihre Kreise ziehen.

Landleben

Ruhe entlang des Weges, Ruhe auch im eigenen Garten, wo man im Schatten träge auf einer Bank meditiert, seinen Gedanken freien Lauf – und den Blick über ruhige Bilder (aus grünem Frauenmantel) schweifen läßt. Gönnen Sie sich diese Momente, und verbringen Sie nicht die schönste Zeit des Tages in der Küche.

Cremesuppe mit grünem Blumenkohl oder Broccoli

Nach diesem Rezept bereiten Sie mit wenig Aufwand eine schnelle schmackhafte Suppenmahlzeit zu. Sie brauchen nichts weiter als: 1 großen und 1 kleinen Blumenkohl, 1 große, in dünne Ringe geschnittene Zwiebel, 100 g dünn geschnittenen, mageren Frühstücksspeck, 250 ml Sahne und 125 ml Crème fraîche. Außerdem Salz und Pfeffer, 1 l Geflügelfond (siehe Rezept Seite 204/205), etwas Butter, ein wenig Öl. Und einen Pürierstab.

Die Kohlköpfe in möglichst kleine Röschen zerteilen und deren Stiele einkürzen. Dann den Geflügelfond zusammen mit der Sahne erhitzen und die Röschen des größeren Blumenkohls etwa 5 Minuten darin garen. Anschließend die Röschen herausnehmen, mit etwas Flüssigkeit pürieren, das Püree durch ein Sieb streichen und in die Suppe rühren. Die Crème fraîche hinzufügen, mit Salz und Pfeffer abschmecken, und die Suppe etwa 10 Minuten leise simmern lassen.
In der Zwischenzeit den Frühstücksspeck mit etwas Butter in einer Pfanne knusprig braten, herausnehmen und warm halten. In der gleichen Pfanne die Zwiebelringe rasch bräunen und herausnehmen. Erneut Butter in die Pfanne geben (die Pfanne zwischendurch nicht reinigen) und die restlichen Blumenkohlröschen darin nicht zu lange sautieren, denn das Gemüse sollte bißfest bleiben. Die Suppe mit den Zwiebelringen, knusprigem Frühstücksspeck und knackigen Blumenkohlröschen garnieren und servieren.

Blumentanz

Einst tanzten acht Hummer bedächtig Quadrille,
in den Scheren hielt jeder ein Stöckchen Vanille.
Während sich die einen dran freuten, argwöhnten andre: »Was mag es bedeuten,
daß wir alle Vanille bekommen?« Und schwiegen plötzlich beklommen.
Sie hätten gern noch getanzt, doch es half ihnen nicht,
denn mit Vanille sind Hummer ein wahres Gedicht.
»Uns zu probieren«, tönten drei Barben keck, »hat gar keinen Zweck,
da wir doch nur nach Seife schmecken. Wir brauchen uns nicht zu verstecken.«
Leider ein Trugschluß! Fisch mit Lavendel ist ein Genuß . . .

Hummer mit Porree, Curry und etwas Vanille

Für 2 Personen benötigen Sie:
1 gekochten Hummer, die weißen Blattscheiden einer Porreestange, in ca. 5 cm lange, streichholzdünne Streifen geschnitten, 125 ml Sahne, Salz, Pfeffer, mittelscharfes Currypulver, 1 Stück Vanilleschote (5 cm) und 100 ml Beurre blanc (siehe Rezept Seite 100).

Den gekochten Hummer mit einem großen, scharfen Messer der Länge nach halbieren und das Fleisch aus dem Panzer und den Scheren herauslösen. Dann die Porreestreifen in einer Pfanne mit etwas Butter und Öl sautieren, nach Geschmack mit Curry würzen und gut durchrühren. Die aufgeschlitzte Vanilleschote dazugeben.

Nun das Hummerfleisch hinzufügen und so lange mitbraten, bis es vollständig erhitzt und schön currygelb gefärbt ist. Etwas Sahne angießen, das Ganze stark einkochen lassen, dann einen weiteren Schuß Sahne darunterrühren. Warm stellen.

Die Beurre blanc zubereiten.

Das Hummerfleisch zurück in den halbierten Panzer legen, etwas Beurre blanc in die noch warme Pfanne geben (die Pfanne darf nicht heiß sein, da sich sonst die Beurre blanc in ihre Bestandteile auflöst) und gut mit dem Porreesud verrühren. Die Vanilleschote entfernen. Die Sauce mit einem Löffel über die gefüllten Hummerhälften geben.

Wie gemalt

Wer würde sich nicht an diesen schuppigen Schönheiten erfreuen – frische Fische, deren zarte Farben von salzigen Meeren und sauberen Seen erzählen. Ihr Anblick ist von solch atemberaubender Schönheit, daß sie so mancher Künstler – nicht nur vergangener Zeiten – in einem Stilleben auf der Leinwand festhalten mußte.

Gebackene Rotbarbe in Lavendel-Beurre-blanc

Für mich zählt die Rotbarbe zu den schmackhaftesten Fischen.
Es handelt sich hierbei um sehr zarte kleine Fische, deren Schuppen einfach abgerieben werden. Dann die Eingeweide herausnehmen und die Fische unter fließendem Wasser vorsichtig abspülen. Danach mit Küchenpapier sorgfältig trockentupfen, mit grobem Salz bestreuen und langsam mit etwas Butter in einer beschichteten Pfanne braten (Rotbarben sind sehr schnell gar).
Einen Lavendelzweig zur Castric (siehe Rezept Seite 100) geben und einige Zeit mitgaren lassen. Bevor die Würzflüssigkeit mit Butter zur Beurre blanc montiert wird, den Zweig wieder entfernen, da sonst der Lavendel zu intensiv vorschmecken könnte.
Sie können die Rotbarben und die Beurre blanc separat reichen oder die Sauce über den Fisch gießen. Zum Schluß mit Lavendel garnieren.

Meerbrasse und Garnelen

Aus wärmeren Gewässern kommt die Meerbrasse ›angeschwommen‹, die auch als Dorade rose, Dorade gris und für die ganz Verwöhnten als Dorade royal erhältlich ist. Diese Fische kennen kein Erbarmen und rächen sich tückisch an jedem, der sie (mit Fenchelstreifen und Fenchelsamen) für den Ofen vorbereiten will, indem sie ihm die unvorsichtigen Finger aufritzen – darum aufgepaßt!
Dann folgt hier noch ein Rezept für Riesengarnelen – auch als Gambas, Prawns und Jumbo-Shrimps bekannt – die sich durch nichts erschrecken lassen, erst recht nicht durch einen japanischen Tempura-Teig, mit dem sie dann in heißes Fritierfett getaucht werden. Nur der überwältigende Duft der *Bergmansia* läßt sie ein wenig taumeln.

Tempura

Tempura, das sind die beliebten, in Ausbackteig fritierten Gemüse, Meeresfrüchte oder Hühnerfleischstücke der japanischen Küche. Bisweilen gibt es den Tempura-Teig als Fertigprodukt im Sortiment asiatischer Feinkostläden. Sie können ihn aber auch selbst zubereiten: 2 Eigelb mit 200 ml eiskaltem Wasser gut verquirlen, 100 g gesiebtes Mehl auf einmal dazugeben und sorgfältig verrühren. Der Tempura-Teig sollte sehr kühl gestellt werden!
In einer Kasserolle Sonnenblumenkern- oder Erdnußöl auf 175°C erhitzen (oder eine Friteuse verwenden). Die bereits vorbereiteten Zutaten (Zwiebelringe, grüne und rote Paprikastreifen, etwa 5 mm dünne Staudensellerie- und Möhrenscheiben sowie einige ausgelöste Riesengarnelen) sorgfältig trockentupfen, dann einzeln in etwas Mehl wenden und abklopfen; anschließend in den Teig tauchen und nicht allzu lange in Öl fritieren, denn das Fritiergut wird schnell gar. Sobald es hellbraun ist, herausnehmen und auf Küchenpapier abtropfen lassen.

Gebackene Dorade mit Fenchel

Die Dorade (Goldbrasse) gehört zu den Meerbrassen und lebt in tropischen Gewässern. Auf den Märkten und in den Fischgeschäften sind verschiedene Sorten erhältlich: Dorade rose, Dorade gris und die größere Dorade royal.
Pro Person reicht eine Dorade von etwa 600–700 g. Den Fisch vorsichtig putzen; dabei als erstes die Rückenflosse abtrennen, die außergewöhnlich scharf ist.
Dann die Schuppen entfernen – am besten mit der Schale einer Jakobsmuschel oder einem Löffel unter fließendem Wasser. Aber vielleicht ist ja Ihr Fischhändler so freundlich …? Nun den Bauch öffnen, die Eingeweide entfernen und den Fisch sorgfältig ausspülen. In der Zwischenzeit den Ofen auf 200°C vorheizen.
Den Fisch von beiden Seiten dreimal tief (bis zu den Gräten) einschneiden, mit Öl einpinseln und mit grobem Salz und frisch gemahlenem Pfeffer bestreuen. Dann etwas Fenchelsamen in die Bauchhöhle füllen, und die Dorade(n) auf einem eingefetteten Backblech je nach Größe etwa 20–30 Minuten backen. In der Zwischenzeit eine Fenchelknolle in dünne Streifen schneiden, in etwas Butter schnell bräunen und zum Schluß den Fenchelsamen dazugeben. Den Fenchel warm halten und den Fisch vor dem Servieren damit garnieren.

Zu Beginn der großen Rosenpracht hier nun ein Bukett, dessen üppige Farbe und intensiver Duft von weiteren Rosenköstlichkeiten künden – in Beeten, auf Pergolen und bei den Pforten, hinter denen andere Rosen darauf warten, als Strauß ein neues Leben zu beginnen.

Eine Rose ist eine Rose ist eine Rose?

Sie ist viel mehr als das: ein Symbol für sommerliche Freude an kleinen beblätterten Kelchen, die teils in Augenhöhe wachsen und teils den Boden bedecken, so daß man sich bücken muß, will man sie entdecken. Freiwillig sinkt der Rosenliebhaber auf die Knie oder reckt und streckt sich, um im Antlitz der Angebeteten zu versinken, in ihren Duft einzutauchen und sich ganz ihren Wonnen hinzugeben.
Und von soviel Schönheit betört erhielt die Putte im Garten einen Hut von Rosenblatt.

Pergolen und Pforten

Rosen auf Pforten, Rosen auf Pergolen – in zierlich rankendem Überfluß bewuchern sie beinah jeden Winkel in Sijtjes Garten, lassen sich manchmal von *Clematis* begleiten oder winden sich über andere Rosen, so daß sie in bunter Farbenpracht zu wahren Rosenkaskaden erblühen. Gelegentlich führt Lavendel den Duftreigen an, manchmal bewirkt ein *Phlox* einen optischen Kontrast oder bilden hohe Liebesblumen (wie man die Schmucklilie *Agapanthus* auch nennt) das Gegenstück zur üppig-lieblichen Rosenlast.

Vorhergehende Doppelseite: Wie käme eine Kletterrose wohl besser zur Geltung als in Form von rankenden Trieben, die sich an Pforten emporwinden und mit Kaskaden aus Schönheit und Duft verzaubern, um so zum Pflücken zu verführen. Hier ist es 'Pink Cloud', die ihrem Namen alle Ehre macht.

Wußten Sie, daß Blumen erst kurz vor dem Verwelken ihren schönsten Duft verströmen und daß zu längst vergangenen Zeiten die Zaren neben jeden Teller eine kleine Vase stellen ließen, die keinen Boden besaß, so daß man sich zusätzlich zu den kulinarischen Genüssen auch an Wohlgerüchen erfreuen konnte?
Bevor diese Rose hier welken kann, kandieren wir lieber ihre Blütenblätter, die mit ihrem Zuckerkleid als Süßigkeit jederzeit willkommen sind.

Verzuckerte Rosen

Zuerst sollte ich noch einmal erwähnen, daß man nur die Blüten oder Blütenblätter duftender Rosensorten verzuckern kann. Natürlich steht es Ihnen frei, auch andere Rosensorten mit einem süßen Überzug zu versehen, aber sie werden keinen Eigengeschmack entwickeln. Im Prinzip ist das Verzukkern ganz einfach: etwas Eiweiß mit einer Gabel schaumig rühren und die Blüten oder Blütenblätter sorgfältig von allen Seiten damit bepinseln.
Anschließend feinsten Kristallzukker (aber keinen Puderzucker!) wieder von allen Seiten über die Blüten streuen; überschüssigen Zucker abschütteln. Dann die Blüten(blätter) in einem auf 50°C vorgeheizten Backofen oder Heißluftherd trocknen. Lassen Sie die Ofentür einen Spalt offen, damit die feuchte Rosenluft entweichen und zugleich einen zarten Wohlgeruch verbreiten kann.

Pikante Rosen

Rosen mit einem Zuckerkleid versüßen jeden Genuß, doch sie passen ebensogut zu herzhaften Speisen. Aus Indien stammt der ›Poivre rose‹, eine Mischung aus Pfeffer und Rosenknospen; aber auch zu Rosen-Zimt-Gewürzen greift man dort gern.
Hier erhielt das Bries Gesellschaft von duftenden Rosenblättern, deren Farbe sich auch in diesem purpurnen Gartenwinkel findet, in dem neben Rosen auch *Rubus odoratus* und *Salvia verticillata* 'Purple Rain' mit ihren elegant ›aufgefädelten‹ Blüten gedeihen.

Gebratenes Bries mit Rosenblättern

Das meistgekaufte Bries stammt vom Kalb; dabei handelt es sich um ein Organ (Thymusdrüse), das hinter dem Brustbein fast aller jungen Säugetiere sitzt und sich erst bei den geschlechtsreifen Tieren zurückbildet. Bries ist von Bindegewebe umgeben, das vor der Zubereitung zum größten Teil entfernt werden muß. Sie könnten Ihren Metzger darum bitten.
Das Bries etwa 1 Stunde in Salzwasser wässern, damit es weißer wird. Dann das Bries am Stück je nach Dicke etwa 10 Minuten in leicht gesalzenem Wasser kochen und anschließend noch einmal mit kaltem Wasser abspülen.
Sobald das Bries abgekühlt ist, in maximal 1 cm dicke Scheiben schneiden, dann mit Pfeffer und Salz bestreuen und (ohne Mehl) in Butter knusprig braun braten.
Zum Schluß die Rosenblätter auf die warmen, buttrigen Briesscheiben heften.

Rosen zum Abschied

Auch wenn wir es nicht wahrhaben wollen, die Zeit der Rosen nähert sich dem Ende. Daß es bald soweit sein wird, machen von Tag zu Tag mehr abgefallene Blütenblätter deutlich. Wie sehr wir auch wünschen mögen, das unaufhaltsame Welken noch weiter hinauszuzögern, irgendwann werden wir es schließlich doch akzeptieren müssen. Wehmütig bewundern wir letzte Rosenschönheit, denn die Zeit der Rosen geht vorbei. Bald ist es soweit.

Grillfest

Wenn man von Genüssen im Garten spricht, denkt man dann nicht auch sofort an Grillfeste, glühendes Holzkohlenfeuer und gesellige Stunden? An herrlichen Wein und Baguette mit etwas Schinken, während über dem Feuer köstliche Gaumenfreuden langsam grillen und der feine Duft von Trauben und Hopfen (die die Terrasse üppig begrünen) die Sinne betört und ein wohliges Gefühl auslöst. (Und ganz verstohlen, hinter einem großen Topf, wartet auch die Katze auf einen Leckerbissen.)

Barbecue

Das Geheimnis gelungenen Grillguts liegt im Feuer. Denn nur langsam erhitztes Brennmaterial sorgt für gleichmäßige Hitze. Allzu häufig endet ein fröhliches Grillfest als Tragödie mit völlig verbrannten Fleischstücken. Lassen Sie sich also genügend Zeit, und warten Sie auf eine gleichmäßige Glut. Dazu schütten Sie eine etwa 10 cm hohe Schicht Holzkohle in den Grill, zünden sie an und lassen sie mindestens eine Stunde in Ruhe brennen. Erst dann glüht die gesamte Holzkohle. Aber auch jetzt sollten Sie noch warten, bis die oberste Schicht gleichmäßig weiß ist. Denn diese Ascheschicht verhindert später, daß das herabtropfende Öl oder Fett sich entzündet und so das Fleisch verbrennt. Zum Grillen eignen sich die unterschiedlichsten Fleisch- und Gemüsesorten. Wir wählten hohe Rippe vom Rind, verschiedene Würstchen, Lammkoteletts und Hähnchenschenkel. Das Fleisch kann zuvor mariniert werden, aber uns genügte eine Pfeffermühle; und wenn Sie das gegarte Fleisch mit grobem Meersalz bestreuen, erzielen Sie einen Geschmack, mit dem keine Marinade konkurrieren kann. Dazu gab es frisch ›aufgegrilltes‹ Brot.

Purpur-Prunk

Purpurfarben blühen in Sijtjes Garten nicht nur *Astilbe, Phlox* 'Starfire'‹ und *Phlox* 'King', sondern auch *Achillea* 'Red Beauty', dunkle Stockrosen und Veilchen der gleichen Farbe mit winzigen Blüten. Außerdem steht dort dunkelstieliger Majoran der Sorte 'Hopley', der auch Bienen und Schmetterlingen vorzüglich mundet. In passenden Farben prunken *Geranium, Salvia, Campanula* und *Lobelia,* während *Linaria* und *Allium sphaerocephalon* sich munter dazwischen mischen. Und mitten in all diese Blütenpracht stellt Sijtje häufig noch ein Blumenbukett, das auf seinem Sockel das Auge zusätzlich erfreut.

Einladung zum Nektarnaschen

In unaufhaltsamem Siegeszug eroberte *Centranthus* alle Spalten, Risse und Ritzen dieser langen steinernen Mauer. So elegant, verspielt und schön bekommt kaum ein Gärtner sie je zu sehen – denn diese Pracht entstand durch spontane Aussaat der Pflanzen. Jetzt streben auf schlanken Stielen die Blüten nach oben und sorgen für zierliches Linienspiel. Wenn dann noch Schmetterlinge, Bienen und Hummeln von diesen Blüten naschen, ist die Luft erfüllt von fröhlichem Summen.

Aufrecht und kerzengerade stehen dagegen die Stockrosen von Gegenüber. Ihre Blüten sind wie kleine Trichter geformt, damit Bienen und Hummeln leichter ihr Ziel finden.

Fleißiges Lieschen bei der Arbeit

Als könnten Kletterpflanzen und Rankgewächse ihrer Aufgabe – Pforten und Pergolen anmutig zu bekleiden – nur unzureichend nachkommen, möchte Sijtje das Auge noch weiter verwöhnen und schmückt den Sitzplatz mit zusätzlichen Kübelpflanzen, um die kahlen Ecken (neben Nachtviolen und Fingerhut) noch ein wenig aufzuheitern. In den Kübeln auf dem Boden wachsen Petunien, Sonnenwende und lila-rosa Stiefmütterchen (als 'Pink Shades' im Handel erhältlich), während in den aufgehängten Körben Fleißiges Lieschen üppig blüht (und selbst im Schatten noch gedeiht).

Sommerzauberei

Mit grünen Efeugirlanden, die sich frisch von der weißen Tischdecke abheben, lassen sich Tafeln festlich gestalten und zu einer passenden Umgebung verwandeln für Schüsseln und Schalen mit Sommerfrüchten – Äpfeln, Pfirsichen, Trauben und auch Erdbeeren –, während die Aprikosen unter ihrer Glasglocke Wärme sammeln, was zu diesen Sommerfrüchten gut paßt. An unserer reichgedeckten Tafel wäre sicher so mancher gern Gast, um diesen frischen Früchtetraum zu genießen oder sich im Garten an weiterem Blumenzauber zu laben.

Ode an Gunnera

Plötzlich schweigt man in stummer Bewunderung – daß einfache grüne Blätter so eindrucksvoll sein können. Sie sind groß wie Sonnenschirme, und die deutlich hervortretenden Adern und Nerven an der Unterseite der Blätter sorgen für ein interessantes Linienmuster der ›Tischdecke‹. Die Pflanze der Gattung *Gunnera* schenkt in unserem Klima die größten Blätter (gedeiht aber nur an feuchten Orten) und hat sich damit ein Loblied verdient.

Hagebutten und Hopfendolden

Nun bekennt die *Rosa rugosa* 'Alba' Farbe mit ihren dicken orangeroten Hagebutten, und gemeinsam mit den grünen Dolden des *Humulus* sorgt sie für frische Farbkontraste und bewegtes Linienspiel. Aber die Hagebutten ergeben auch gesunde Marmeladen und Gelees, denn sie strotzen von Vitaminen.
Daneben ruht Perlhuhnfleisch auf einem grünen und orangefarbenen Gemüsebett, das in Estragon-Sahne-Sauce schwimmt.

Perlhuhn in Estragon-Sahne-Sauce mit jungem Gemüse

Dieses Gericht enthält viele verschiedene Gemüsesorten, die allerdings nur in geringen Mengen (etwa 50 g pro Sorte) benötigt werden. Auf dem Foto verwendeten wir Prinzeßbohnen, Erbsen, kleingeschnittene Wachsbohnen, Maiskölbchen, kleine Frühlingszwiebeln und Karotten. Die verschiedenen Gemüsesorten garen (sie sollten jedoch noch bißfest sein). Das Gemüse behält seine schöne grüne Farbe, wenn man es in den Topf gibt, sobald das Wasser kocht, und nach der Garzeit sofort mit eiskaltem Wasser abschreckt.
Die Brustfilets eines Perlhuhns mit Salz und Pfeffer würzen und etwa 15 Minuten in einer Bratpfanne schön braun werden lassen, bis sie gar sind. Vorher sollten Sie allerdings die Estragon-Sahne-Sauce zubereiten: 1 kleine, gehackte Zwiebel, 1 Lorbeerblatt, 1 in Scheiben geschnittene Möhre, die Hälfte der weißen Blattscheiden einer Porreestange, kleingeschnitten, 20 g gewürfelten Frühstücksspeck, etwas Petersilie, Schnittsellerie und einige Zweige Estragon in 500 ml Geflügelfond (siehe Rezept Seite 204/ 205) etwa 30 Minuten unbedeckt ziehen lassen. Dann 250 ml Sahne hinzufügen und weitere 15 Minuten leise simmern. Eventuell noch etwas Estragon dazugeben (falls der Geschmack nicht intensiv genug ist), die Sauce abseihen und abschmecken.
Die heiße Sauce mit Butter montieren und warm halten. Das Gemüse in einer großen Pfanne mit etwas Butter vollständig erhitzen und auf einem Teller arrangieren. Dann die in Scheiben geschnittene Perlhuhnbrust auf das Gemüse legen und die Sauce angießen.

Im Ofen gegart

Hier gehen dreierlei Fleischsorten eine befriedigende Verbindung ein. Begleitet werden sie von Mairüben (ungeachtet ihres Namens gedeihen sie von April bis November) oder auch Stoppelrüben, einigen Karotten und zahlreichen eingelegten Silberzwiebeln. Sie schmoren mehrere Stunden zusammen mit Kräutern und kräftigem Bier, bis alles wunderbar mild und zart gegart ist, was schließlich den Reiz eines Eintopfgerichts ausmacht.

Pot au feu mit Bier

Eigentlich sollte man dieses Gericht als ›Pot au four‹ bezeichnen, da es im Backofen gegart wird. Sicher wissen Sie, daß dieser Eintopf (wie die meisten anderen auch) erst aufgewärmt am besten schmeckt.
Dieses Gericht enthält Rind-, Kalb- und Schweinefleisch, das nicht zu mager sein sollte. Am besten nehmen Sie Stücke der Hochrippe, durchwachsenes Kalbfleisch und Schulterstücke vom Schwein in gleichen Mengen. Das Fleisch in große Stücke schneiden, mit Salz und Pfeffer bestreuen und in einer Kasserolle in Öl und Butter (im Verhältnis 1 : 1) anbraten. Dann das Fleisch in eine schwere, feuerfeste Form geben und mit Lorbeerblättern ›spicken‹. Zwei in Ringe geschnittene Zwiebeln und einige grobgehackte Knoblauchzehen in dem Bratfett hellbraun werden lassen, dann eine kleingeschnittene Mairübe, Karotten und kurz abgespülte Silberzwiebeln dazugeben. Seien Sie ruhig großzügig, denn die verschiedenen Aromen verbinden sich letztendlich zu einer köstlichen Einheit. Das Gemüse zum Fleisch geben und in der Kasserolle mehrere Flaschen Ihres Lieblingsbiers erwärmen, das Fleisch muß später vollständig damit bedeckt sein.
Nun die Form gut abdecken und den Eintopf mindestens 2½ Stunden in einem auf 160°C vorgeheizten Backofen garen. Nach der Hälfte der Zeit können Sie noch Kartoffelstückchen und/oder Bohnen hinzufügen. Lieben Sie Kräuter? Dann geben Sie ruhig einige davon in den Eintopf, der seinen Geschmack schließlich der Gesamtheit aller Zutaten verdankt.

Sonnen-farben

Sommerluft – erfüllt von gelben und roten Farbtönen. Sommerbukett – pastellfarben und manchmal auch in Gelborange. Gelbe Dolden der *Achillea* und intensivgefärbte *Zinnia,* mit *Alstroemeria* und Hahnenfuß kombiniert, die fröhlich zwischen (noch grünem) Silberblatt und den gelben Kerzen der Goldrute hervorlugen, während das Pfennigkraut in goldgelben Blütenträumen erstrahlt.

Waldrebe in rosiger Umarmung

Am Eingang zu diesem verwunschenen Ort,
wo sich allmählich die Grenzen zwischen
Garten und Wald verwischen,
blüht purpurner Zauber noch lange fort.
Kein lautes Geräusch durchdringt hier die Stille,
denn Petunien in lilasamtiger Pracht
halten in Töpfen Wacht,
als schützten sie die private Idylle.
Zu Füßen der Pforte und darüber hinaus
auf dem Boden in lichtem Schatten
breiten sich dichte Matten
fliederner Glockenblumen zutraulich aus.
Wo Fleißige Lieschen geduldig im Schatten stehn,
lugen dicht am hölzernen Tor
zart gestreifte Nesseln hervor –
unter all dem üppigen Grün kaum zu sehn.
Leinkraut dagegen erträgt es am Boden nicht,
seine blaßlila Blüten auf vielen
zaghaft schwankenden Stielen
streben sicher am Holz gehalten ans Licht.
Diesen weltfernen Ort hat die Rose gewählt
und sich hier vor Jahresfrist
am festen Portalgerüst
der weinroten Waldrebe treulich vermählt.

Kecke Kohl-köpfe

Einer Sommerlaune entsprungen scheint dieser Tisch mit seiner roten Kohldekoration auf Kerzenständern und in Form von Eßgeschirr, das mit seinem intensiven Rot der Tafel etwas Keckes, Übermütiges verleiht. Aber auch die Umgebung mit ihren Farbkombinationen von Passionsblume und Waldrebe (so rot wie ein Kardinalsgewand) trägt zur Anmut dieser Szene bei, während ganz links die duftende Moosrose 'William Lobb' (neben ihren vielen Knospen) bereits zwei purpurfarbene Blüten hervorgebracht hat.

Vorhergehende Doppelseite: Manchmal genügt es bereits, die verschiedenen Materialien eines Blumenarrangements zusammenzutragen, ohne sie gezielt anzuordnen. Farblich passende Blumen, Zweige, Gefäße und Behälter, von Weintrauben und Brombeeren üppig umrahmt, ergeben ein hübsches Bild.

Spätsommer

Wenn die Spätsommerzeit beginnt und sich die Blumenpracht nach ihrer langen Reise vom Saatkorn zur Knospe endlich voll entfaltet, lassen sich auch in der Küche sommerliche Leckereien zubereiten: eine Lammschulter schmort lange im Ofen, damit sie sich von den Knochen löst, eine Rinderzunge bereichert die Lasagne und Hähnchenschenkel bekommen aromatische Trüffelscheiben unter die Haut geschoben; nach einer halben Stunde im Backofen sind sie fertig zum Verzehr – ob ofenwarm oder abgekühlt als Leckerbissen bei einem köstlichen Picknick.

Lammschulter aus dem Ofen

Bestellen Sie bei Ihrem Metzger eine Lammschulter von etwa 1,5 kg (ausreichend für 4 Personen).
Den Backofen auf mindestens 250°C vorheizen. In der Zwischenzeit eine geeignete flache Bratform mit etwas Öl einpinseln, die Lammschulter mit der feinen Fettschicht nach oben hineinlegen und offen etwa 15–20 Minuten im Backofen garen, bis das Fleisch schön braun ist. Anschließend aus dem Ofen nehmen, das Fleisch ein wenig salzen und 250 ml Wasser angießen. Das ist alles. Den Backofen auf 150°C abkühlen lassen. Dann die Bratform mit Alufolie möglichst luftdicht abdecken.
Am besten wickeln Sie die Form vollständig in Folie ein, damit der Wasserdampf nicht entweichen kann. Die Lammschulter weitere 2½ Stunden in den Backofen stellen. Das Fleisch ist dann wunderbar zart und löst sich sehr leicht vom Knochen.
Die Bratflüssigkeit abgießen und so viel Fett wie möglich abschöpfen. Die restliche Flüssigkeit auf die Hälfte reduzieren und mit einem Schneebesen 50 g kalte Butter unterrühren. So erhalten Sie mit wenig Aufwand eine hervorragende Sauce.

Hähnchenschenkel mit Trüffeln

Die Keulen von Geflügel sind gewöhnlich sehr viel saftiger und aromatischer als das Brustfleisch. Diese Hähnchenschenkel sind eigentlich als kleine Knabberei für ein Picknick oder ein Essen im Freien gedacht und lassen sich auch ganz leicht zubereiten. Sie benötigen lediglich die Unterschenkel der Keulen, ganz dünn geschnittene Trüffelscheiben, Butter sowie Salz und Pfeffer.
Möglichst viele Trüffelscheiben unter die Haut schieben und die

Schenkel mindestens 2 Stunden zugedeckt im Kühlschrank ruhenlassen. Den Backofen auf 225°C vorheizen, eine Bratform mit Butter einfetten und die mit Pfeffer und Salz gewürzten Hähnchenschenkel hineinlegen. Die Form in den heißen Backofen schieben und nach 15 Minuten die Temperatur auf 150°C herunterschalten. Die Schenkel weitere 20 Minuten im Ofen garen lassen und sie noch warm oder auf Zimmertemperatur abgekühlt servieren.

Lasagne mit gekochter Rinderzunge

Nahezu jedes Lasagne-Rezept läßt sich problemlos zubereiten. Es ist lediglich eine Frage des richtigen Schichtens von Lasagnenudeln, Béchamel-Sauce und einer Füllung, die aus Gemüse, Fleisch, Fisch oder sonstigen Zutaten bestehen kann. Unser Vorschlag mit Rinderzunge mag vielleicht etwas extravagant erscheinen, ist aber außergewöhnlich schmackhaft. Daneben enthält die Lasagne Chorizo, eine feurig-pfeffrige spanische Wurst, und gedünstete Porreeringe.
Die Zunge 2½–3 Stunden in mit Kräutern gewürztem Wasser oder Bouillon garen. Geben Sie Porree, Zwiebeln, Möhren, etwas Knoblauch, Lorbeerblätter, Pfefferkörner, Wacholderbeeren oder was Ihnen sonst noch schmackhaft erscheint in den Sud. Salz nicht vergessen, sonst wird die Zunge zu fade (in Deutschland ist im Handel erhältliche Zunge zuweilen bereits gepökelt!). Die Zunge so lange kochen, bis sie butterweich ist; anschließend aus der Brühe nehmen (die inzwischen eine herrliche Bouillon ergibt) und etwas abkühlen lassen. Die ledrige Haut abziehen. In der Zwischenzeit auf der Grundlage einer hellen Mehlschwitze (siehe Rezept auf Seite 51) mit Milch und Gewürzen eine sämige Béchamel-Sauce zubereiten, die Lasagnenudeln vorkochen, die Chorizo in feine Scheiben schneiden, und die Porreeringe in etwas Butter dünsten. Nun die Rinderzunge in etwa 5 mm dünne Scheiben schneiden.
Eine feuerfeste Form mit etwas Öl oder Butter einfetten und eine dünne Schicht Sauce hineingeben. Darein die Zungenscheiben betten, wieder mit Sauce begießen, Wurstscheiben und Porree darüberschichten und mit Lasagnenudeln abdecken. Beginnend mit Sauce die gleiche Reihenfolge der Schichtung wiederholen, bis die Form gefüllt ist, und mit einer Lage Porree und Béchamel-Sauce schließen. Etwas geriebenen Parmesan darüberstreuen, und die Form mit Alufolie abdecken. Bei 200°C 1 Stunde im Ofen garen, jedoch nach 50 Minuten die Folie entfernen, damit die Lasagne schön goldbraun wird.

Großherzig

Was ist so sonnig, so großherzig, was sprießt aus kleinem Samen zu solcher Höhe empor, füllt Felder und Wiesen am Wegesrand mit imposanten großen Blüten (mit brauner Blütenmitte – der späteren Saat), die umgeben sind von einem sonnengelben Strahlenkranz aus Scheinblütenblättern? Das kann nur die Sonnenblume sein, deren Kerne reich an wertvollem Öl sind, das uns in der Küche sehr willkommen ist.

Blüten, die der Blumenvase und der Ölpresse entgehen, werden im Winter zum natürlichen Futterhäuschen für zahllose Vögel, deren lautes Getschilpe und Gezwitscher erst dann verstummt, wenn jedes einzelne Samenkorn herausgepickt und in irgendeinem Schnabel verschwunden ist.

Kürbisfreuden

Dann naht das Ende der Erntezeit, und überall leuchten orangegelbe, blaßgrüne und auch rosa angehauchte Kürbisse zwischen meterlangen grünen Ranken. Nun naht die Zeit des Erntedankfestes mit seinen eindrucksvollen Kürbisdekorationen, die sich monatelang hielten – wenn sie nicht schon vorher in Töpfen verschwänden. Denn das feine Aroma einer Kürbissuppe erfreut den Gaumen, während Zucchiniblüten auch das Auge am Genuß teilnehmen lassen.

Kürbissuppe

Eine große, grobgehackte Zwiebel und Möhrenscheiben in etwas Butter oder Öl (sehr schön wäre natürlich Kürbiskernöl, das herrlich duftet, leider aber auch etwas teurer ist) langsam sautieren. Dann das in Würfel geschnittene Fruchtfleisch des Kürbis hinzugeben und unter ständigem Rühren kochen, bis sich das volle Aroma entfaltet. Abkühlen lassen, im Mixer oder in der Küchenmaschine pürieren, zurück in die Kasserolle geben und mit kräftiger Bouillon, einem Schuß Sahne, Salz und Pfeffer und eventuell einem Schuß Sherry, weißem Wermut oder Weißwein nach Geschmack auffüllen. (Sie können zusammen mit der Zwiebel aber auch Frühstücksspeck anbraten.) Reichen Sie Brot und Butter dazu, und Sie erhalten eine schmackhafte Herbstmahlzeit.

Picknick

Die letzten warmen Spätsommertage sollte man draußen im Freien verbringen, denn wenn bald der erste Nachtfrost einsetzt und die Äcker und Felder unter den Herbststürmen erzittern, kann man noch lange genug drinnen sitzen (und dies natürlich auch genießen – denn am winterlichen Kaminfeuer ist es sehr behaglich). Aber jetzt sollte jeder Tag und jede Stunde genutzt werden, um sich noch einmal in der Natur aufzuwärmen. Deshalb hinaus ins Freie mit allen Gerätschaften und Zutaten für ein Picknick oder einen ausgedehnten Brunch. (Und versuchen Sie auch das Hähnchenschenkelrezept, das mit Unmengen Knoblauch zubereitet wird und deshalb an frischer Luft oft besser ankommt, denn nicht jeder schätzt ein so intensives Aroma.)

Hähnchenkeulen mit Knoblauch und schwarzen Oliven

Zu diesem Gericht gehören dicke Scheiben kräftiges Landbrot, die man wunderbar in die Sauce tunken oder mit den zarten Knoblauchzehen bestreichen kann. Denn das Rezept sieht wirklich viel Knoblauch vor: mindestens eine ganze Knolle. Außerdem benötigen Sie Oliven, 250 ml italienisches Olivenöl von bester Qualität, 250 ml Rotwein, pro Person 2 Hähnchenkeulen (Ober- und Unterschenkel getrennt) sowie Salz und Pfeffer.

Die Hähnchenschenkel in etwas Öl oder Butter schön braun anbraten, mit Salz und Pfeffer würzen und in eine feuerfeste Form mit hohem Rand legen. Die Oliven und Knoblauchzehen dazwischen verteilen. Dann das Olivenöl mit dem Wein mischen, über das Fleisch gießen, und die Form nach Möglichkeit vollständig in Alufolie einwickeln, zumindest aber sorgfältig abdecken. Die Form 1 Stunde in einen auf 225°C vorgeheizten Backofen stellen, dann die Folie entfernen, damit die Hähnchenschenkel schön braun werden, und das Brot bereitstellen.

Apfel-charme

Eines Tages verschwand unsere Sijtje mit einem Henkelkorb voller Äpfel am Arm und einem geheimnisvollen Lächeln auf den Lippen im Garten. Und als wir ihr endlich neugierig folgten, bot sich uns dieses hübsche Bild: Sie hatte die Früchte aneinandergereiht und als Apfelgirlande um die Tischplatte drapiert. Mit Frauenmantel und Geißblatt verstärkte sie den Duft, und auch den Tisch schmückte sie mit einem üppigen Bukett in einem prächtigen Füllhorn. So entstand eine freundliche Herbstimpression, die im goldenen Sonnenschein festlich erstrahlt.

Äpfel über alles

Da nun die Äpfel errötend an den Bäumen hängen und nach einer schnellen Ernte verlangen, kann man sie zu zahlreichen Köstlichkeiten verarbeiten wie etwa zu dieser umgekehrten Torte, bei der es sicher nicht bei einem Stück bleibt. Denn diese ›Tarte Tatin‹ mit Apfelscheiben ist immer ein großer Erfolg.
Und zwischen dem Bukett aus Efeuknospen sitzen kleine Äpfel mit lustigen roten Bäckchen.

Tarte Tatin

Für diesen umgekehrten Apfelkuchen benötigen Sie eine Obstkuchenform von 28 cm Durchmesser, 150 g Butter, 300 g Zucker, 2 kg feste Äpfel wie etwa 'Granny Smith' oder 'Golden Delicious' und genügend Blätterteig, um die Form großzügig zu bedecken.
Die Äpfel schälen und halbieren, das Kerngehäuse entfernen und die Apfelhälften in 1 cm dicke Scheiben schneiden. Dann die Form mit der kalten, in dünne Scheiben geschnittenen Butter auslegen, mit dem Zucker bestreuen und die Apfelscheiben dachziegelartig übereinanderschichten.
Die Form etwa 20 Minuten in einen auf 200°C vorgeheizten Backofen stellen, anschließend herausnehmen und die Äpfel abkühlen lassen. Die Temperatur des (leeren) Backofens etwas erhöhen.
Nun die Äpfel mit dem Blätterteig sorgfältig abdecken und die Form wieder in den Ofen schieben, bis der Teig schön braun ist. Die Temperatur auf 175°C reduzieren und den Apfelkuchen weitere 15 Minuten backen. Aus dem Ofen nehmen und abkühlen lassen, bis er nur noch mäßig warm ist. Mit einem Teller oder einer flachen Tortenplatte abdecken und die ›Tarte Tatin‹ stürzen. Warm schmeckt dieser Apfelkuchen am besten (man kann ohnehin nicht davonbleiben) und läßt sich mit Vanilleeis oder kühler Crème fraîche noch zusätzlich verfeinern.

Zimtapfel

Wie würden Sie sich entscheiden – für die Äpfel in einer Karamelumhüllung aus dem vorigen Kapitel oder für die braunen Äpfel auf der gegenüberliegenden Seite, die durch Zucker und Zimt ihre besondere Farbe erhielten?
Versuchen Sie doch einmal dieses interessante Rezept, bei dem sich unter den geschichteten Apfelscheiben eine Lage Sandkuchen mit Calvados und Marzipanrohmasse verbergen.
Übrigens: Wie Sie hier sehen können, fällt der Apfel wirklich nicht weit vom Stamm.

Zimtapfelkuchen

Für eine Obstkuchenform von 24 cm Durchmesser nehmen Sie etwa 300 g Mürbeteig (siehe Rezept auf Seite 64), 150 g Marzipanrohmasse, mehrere Scheiben Sandkuchen, etwa 2 kg 'Cox Orange', 100 g Zucker, Zimt und Calvados.
Die Äpfel schälen und halbieren, das Kerngehäuse entfernen und die Apfelhälften in 1 cm dicke Scheiben schneiden. Die Apfelscheiben in kochendem Wasser 1 Minute blanchieren. Genügend Zimt unter den Zucker rühren, bis dieser ganz braun ist, und die Mischung zu den blanchierten Apfelscheiben geben.
Den Mürbeteigboden blindbacken und abkühlen lassen. Den Boden mit 1 cm dicken Sandkuchenscheiben auslegen, mit Calvados besprenkeln (der Sandkuchen sollte allerdings nicht zu feucht werden) und die Marzipanrohmasse über den Kuchen krümeln. Anschließend die Apfelscheiben dachziegelartig übereinanderschichten. Nun etwas Zucker über die Äpfel streuen und den Kuchen etwa 30 Minuten in einem auf 150°C vorgeheizten Ofen backen.

Rezept von Puccini, Amsterdam

Die Ente aus Barbarien

Die Ente aus Barbarien, die wollte sich vermahlien,
mit einem Apfel süß.
Sie stiegen in die Pfanne, zur gegenseitgen Wonne,
und tanzten mit den Füß'.
Sie schoben nach links, sie schoben nach rechts
und schmorten im eigenen Fett.
Die Ente wurde ganz krokant, das fand der Apfel sehr genant,
und macht sich's mit ihr nett.
So tanzten sie längs der Pfannenwand und schufen ein Schlaraffenland
mit Salat und Paprika und Olivenstückchen ebenda.
So mancher seufzte wonnevoll: »'ne Hochzeit, wie sie seien soll!«
Und zum Gedenken der beiden Frischvermählten,
zählten Blumen vom Land zu den Auserwählten
für dieses hübsche Blütenbukett in Farben zart und sehr adrett.

(Frei nach Annie M. G. Schmidt)

Blumen-Kohl

Was macht der weiße Zierkohl zwischen gefleckter Minze?
Welch verwunschenes Gewächs haust dort zwischen
weißem Wasserhanf und silbernem Wermut?
Diese Kohlköpfe gehören doch gar nicht hierher?

Oder vielleicht doch?
Schließlich sind sie nicht nur außergewöhnlich schön,
sondern passen auch gut in einen Eintopf oder Salat.
Nicht zu vergessen die violetten und rosafarbenen Kohlköpfe,
die ebenfalls Gaumen und Augen zugleich erfreuen,
denn sie schmecken sehr süß und erinnern an eine Blume.

Aronstab ist anders

Was von anderen Pflanzen ein Abschiedsgruß wäre, ist für den Aronstab lediglich ein Intermezzo. Seine orangefarbenen Samenkapseln prunken im Herbst, und wenn sie sich dann zu Boden neigen und die Samen ihrem Drang, sich fortzupflanzen, nachgeben können, treiben plötzlich gefleckte Blätter, die sehr lange den Garten begrünen, aber auch in einem Winterbukett wochenlang frisch bleiben. Kehrt schließlich der Frühling zurück, weichen die Blätter den zartgrünen und weißen Aronstabblüten, die den Sommer über im Schatten leuchten, bevor sich die Beeren wieder fröhlich orange verfärben (so wie hier). Fragen Sie in der Gärtnerei nach *Arum italicum,* der keine Zwiebeln, sondern Knollen bildet.

Tomaten mit Ratatouille-Füllung

Diese gefüllten Tomaten sind als leichte Beilage für gebratenes Fleisch oder gegrillten Fisch ebenso köstlich wie als kleine rein vegetarische Mahlzeit.
Dazu benötigen Sie: 10 große Fleischtomaten, 1 grüne, 1 gelbe und 1 rote Paprikaschote, 1 Zucchini, 1 (nicht zu große) Aubergine, 1 große Zwiebel, 3 Knoblauchzehen, gutes Olivenöl sowie Salz und Pfeffer.
Die Zubereitung ist an sich relativ einfach, aber ein wenig zeitaufwendig. Zuerst die obere Kappe (mit dem Stiel) der Tomaten entfernen, die Tomaten mit einem Löffel oder einem scharfen Messer vorsichtig aushöhlen und das Tomatenfleisch in einer kleinen Pfanne auf schwacher Hitze leise simmern lassen, bis die Masse zu einer Tomatensauce eindickt, die anschließend durch ein Sieb gestrichen wird (Sie benötigen etwa 100 ml Sauce).
Die Paprikaschoten, die Zucchini und die Aubergine in kleine, etwa 5 mm große Würfel schneiden.
Die Zwiebel und die Knoblauchzehen sehr fein hacken und in etwas Öl hellbraun werden lassen. Die Paprika-, Auberginen- und Zucchiniwürfel nacheinander ein paar Minuten in heißem Olivenöl dünsten. Schließlich die verschiedenen Gemüsesorten mit den gebräunten Zwiebeln und dem Knoblauch sowie mit der Tomatensauce verrühren, dann mit Salz und Pfeffer abschmecken. Mit einer Prise Zukker können Sie den Tomatengeschmack zusätzlich intensivieren. Das Gemüse nicht zu lange garen. Die Tomaten mit der Gemüsemischung füllen, die Kappe wieder aufsetzen und die Tomaten auf ein Backblech oder in eine hübsche feuerfeste Form (wie auf dem Foto) setzen und 10–15 Minuten im heißen Backofen garen.

Langustinen à l'Orange

Inspiriert von den orangefarbenen Samenständen des Aronstabs probierten wir ein weiteres Rezept, das farblich ebenso gut dazu paßt wie die Fleischtomaten auf der vorherigen Seite: Langustinen mit zweierlei Kaviar. (Und als geeignetes Dekor empfehlen wir zwei orangefarbene Zierkalebassen). Die Langustinen schwimmen in Lachsrogen und sind garniert mit schwarzem Kaviar – welch ein Fest für Augen und Gaumen.

Langustinen mit zweierlei Kaviar

Frische Langustinen etwa 5 Minuten in einer heißen Court bouillon pochieren. Dann etwas abkühlen lassen, Kopf und Panzer abtrennen und vorsichtig den obenliegenden Darmkanal entfernen. Die Langustinen warm stellen, und rasch eine Beurre blanc zubereiten (siehe Rezept Seite 100). Vorsichtig Kaviar und Lachsrogen einrühren und über die auf vorgewärmten Tellern angerichteten Langustinen gießen. Sofort servieren.

Court bouillon

Die Court bouillon dient als Basisflüssigkeit zum Pochieren, jener Garmethode, mit der lange Zeit Lebensmittel, die nicht gekocht werden sollten (etwa Fisch) zubereitet wurden. Aber im Zeitalter des Dämpfens ist das Pochieren ein wenig in Vergessenheit geraten; meines Erachtens jedoch zu Unrecht, denn einige Gemüsesorten erhalten dadurch einen besonders intensiven Geschmack.
Unter dem Begriff ›Court bouillon‹ versteht man die Kochflüssigkeit verschiedener Gemüsesorten und Kräuterarten, zum Beispiel auf 1,5 l Wasser und 250 ml trockenen Weißwein: 1 in Stücke geschnittene und geputzte Porreestange, 2 kleingeschnittene Zwiebeln, 4 Knoblauchzehen, 4 Lorbeerblätter, 1 (nicht zu große) in Scheiben geschnittene Möhre, etwas Petersilie und Schnittsellerie, 2 Gewürznelken sowie ein Schuß Essig oder Saft ½ Zitrone. Sie können auch noch etwas Thymian oder Rosmarin hinzufügen und, falls Sie eine ganz besondere Geschmacksnuance vorziehen, ein wenig Estragon mitkochen lassen. Die Zutaten zum Kochen bringen und 30 Minuten ziehen lassen; das Ganze anschließend durch ein Sieb gießen und fertig ist die Court bouillon!
Wenn Sie Fisch oder Krustentiere pochieren, achten Sie darauf, daß die Court bouillon nicht kocht, sondern gerade unter dem Siedepunkt bleibt. Übrigens eignet sich diese Court bouillon auch hervorragend als Basis für vegetarische Suppen.
Noch schmackhafter wird die Court bouillon, wenn Sie 2 grüne, in Stücke geschnittene Paprikaschoten, Staudensellerie, eine Sellerieknolle und/oder Koriandersamen hinzufügen; und mit einem großzügigen Schuß Olivenöl erhält das Gemüse, etwa Artischocken, einen hübschen Glanz.

Macleaya
›en masse‹

Mitunter wird man der bunten Pracht vieler Farben oder zarter Pastelltöne im Garten müde. Dann bedarf es der Ruhe, die eine einzelne Pflanzensorte (zwar in großen Mengen, aber in sanfter Farbgebung) ausstrahlt, so daß sich die Augen erholen können.

Mit Federmohn kann man solch eine Oase schaffen. Die Pflanze, die dem Mohn überhaupt nicht ähnelt, trägt auf stolz emporragenden Stengeln einen zarten eierschalfarbenen Blütenflaum (der auch nach der Blüte noch erfreut). Setzen Sie *Macleaya* am besten in ganzen Feldern, denn ihre schlanke Wuchsform, die filigranen Blüten und die graugrünen Blätter, die auf der Unterseite silbrig glänzen, sind von beeindruckender Schönheit.

Herbst-Blues

Leicht bläulich schimmert die Sellerieknolle,
die hier endlich ihre Hauptrolle
bekommt. Was ihr reichlich zu Kopf
steigt. War sie bisher ganz zufrieden im Suppentopf
als eine von vielen, will sie sich jetzt als
Solistin aufspielen und läßt sich bestenfalls
von einer Trüffel begleiten. Dem vornehm feinen
Geschmack der eignen Mousseline kommen zu kleinen
Stückchen gehackte Trüffel grad recht. Da staunen
die Kiefernzweige nicht schlecht und raunen
sich mißmutig zu: »Was wird da um diese niedere
Knolle für ein Theater gemacht. Wie läßt sich diese biedere
Pflanze doch schamlos hofieren. Wir mit unserm blauen Blut
sind ihr wohl allenfalls zum Garnieren noch gut genug.«

Selleriepüree mit Trüffeln und Selleriechips

Diese außergewöhnlich schmackhafte, vegetarische Vorspeise können Sie auch als Gemüsebeilage reichen. Sie brauchen dazu die folgenden Zutaten: 750 g geschälten und in Stücke geschnittenen Sellerie, 100 g geputzte Trüffel, 250 ml Sahne, Salz und Pfeffer. Die Selleriestückchen zusammen mit der Sahne in eine Kasserolle mit schwerem Boden geben und so lange leise simmern lassen, bis der Sellerie völlig gar ist. Hin und wieder rühren, damit nichts anbrennt. Die rohen Trüffel kleinschneiden und mit einem Messer fein hakken. Den leicht abgekühlten Sellerie mit etwas Garflüssigkeit (das Püree wird schnell zu wäßrig!) in einer Küchenmaschine pürieren und durch ein Sieb streichen, um eventuelle zu harte oder faserige Bestandteile zu entfernen. Die Trüffel unter das warme Püree ziehen und das Ganze eine Zeitlang ruhenlassen, damit die Trüffel ihr volles Aroma entfalten können. Das Püree mit Salz und frisch gemahlenem Pfeffer abschmecken und vor dem Servieren noch einmal aufwärmen.

Die Selleriechips lassen sich noch leichter zubereiten. Sie benötigen lediglich eine Schneidevorrichtung, um die geschälte, ganze Sellerieknolle in hauchdünne Scheiben schneiden zu können. Anschließend die großen, dünnen Selleriescheiben in 180°C heißem Sonnenblumen- oder Traubenkernöl fritieren, bis sie hellbraun und gar sind. (Sie schrumpfen auf etwa ein Fünftel ihrer ursprünglichen Größe.)

Ein groß-
zügiger
Abschied

Und schon naht wieder der Herbst, der den Blättern bunte Farben einhaucht und Beeren in die Bäume hängt. Es funkeln gelbe und goldene Töne zwischen Orange, Bronze und Braun, die an den Zweigen im Winde tanzen – herbstlich, aber wunderschön.
Es ist ein Fest der warmen Töne, das von Ernte, Pflücken und großen Blumengestecken erzählt – um Abschied zu nehmen von einem liebgewonnenen Jahr, das nun in blattloser Kargheit weiterschreitet, uns aber immer noch mit zarten Silhouetten verwöhnt, die uns Bewunderung für soviel Schönheit entlocken. So können wir zwar den Garten genießen, doch die Zeit der Picknicks ist für dieses Jahr vorüber.

Ernte-herbst

Aber der Herbst schenkt auch Körbe mit Nüssen, Preiselbeeren (und den größeren Cranberries), Bucheckern und säckeweise Kastanien – sowohl Roßkastanien *(Aesculus)* als auch Edelkastanien *(Castanea)* – sowie dichte Sträuße der *Aster lateriflorus* 'Horizontalis'.

Der Herbst war stets die Zeit des Sammelns und des Erntens – aber auch des Maßhaltens. Denn jeder Same trägt in sich ein Versprechen für den kommenden Frühling, wenn Beeren und Nüssen wieder eine kleine Preiselbeer-, Buchen- oder Kastanienpflanze entsprießt und sich so der Kreis der Fortpflanzung schließt.

Pilzparade

Die vornehme Morchel wartet ruhig und gelassen
auf ihre Partner zur Quadrille. Sie kann nicht fassen,
daß die Hummer sie versetzt haben sollen,
»aber bitte schön«, denkt sie, »wenn sie nicht wollen . . .
Dann tanz ich eben Tango, ist doch egal.«
Nur . . . auch dafür steht kein Partner zur Wahl.
Als die Musik einsetzt, stellt sich heraus, sie soll ›rocken‹.
Darüber ist sie – mit Recht – so erschrocken,
daß sie erbleicht und in eine Torte ausweicht.
Die Champignons aus der kleinen Grotte
tanzen derweil mit Tournedos Gavotte.
Und gegenüber warten die Pilze schon
auf ihren Einsatz in einer guten Bouillon:
Eins, zwei, drei – beim Dreivierteltakt
schließen sie einen köstlichen Pakt.

Tournedos Wellington

Hierbei handelt es sich eigentlich um eine ›Ein-Personen-Variante‹ des ›Filet Wellington‹, für das der wertvollere Teil einer Rinderlende am Stück verwendet wird. Für dieses Gericht benötigen Sie pro Person: 1 Stück ausgerollten Blätterteig (25 × 25 cm), 1 Tournedo à 200 g, 50 g Gänseleber und 2 Eßl. Duxelles. (Als Duxelles bezeichnet man eine Mischung aus feingeschnittenen, mit Pfeffer und Salz gewürzten Champignons und Schalotten, die in etwas Butter sanft gegart werden.) Für dieses Rezept fügen Sie noch 1 Eßl. gehackte Mandeln hinzu.

Das Tournedo salzen und pfeffern, in einer Pfanne mit Öl und Butter schnell von allen(!) Seiten kräftig anbraten; anschließend auf Küchenpapier abtropfen und etwas abkühlen lassen. Nun die verschiedenen Zutaten aufschichten: zuerst das Fleisch, dann die Gänseleber und zum Schluß die Duxelles. Das Ganze mit Blätterteig bedecken, der auf allen Seiten nach unten geschlagen (eventuell kleine Ecken herausschneiden, falls der Teig zu dick übereinanderlappt) und mit Wasser oder Eiweiß miteinander verklebt wird. Auf diese Weise entsteht ein hübscher Ball, der ein wenig an einen Apfel im Schlafrock erinnert. Die obere Seite der Blätterteigkugel mit verquirltem Eigelb bestreichen und das ›Tournedo Wellington‹ in einen auf 200°C vorgeheizten Backofen schieben. Sobald die Kugel von außen schön braun ist, sind auch die Zutaten im Inneren warm und das Fleisch innen noch ›saignant‹. Wenn Sie Ihr Filet ›à point‹ oder ›bien cuit‹ bevorzugen, sollten Sie die Tournedos zuvor länger braten, denn bei längerem Aufenthalt im Backofen würde der Blätterteig verbrennen.

Morcheltorte

Für eine Obstkuchenform von 28 cm Durchmesser sind ein 7 × 7 cm großes Stück Blätterteig

für den Boden und weitere 5 cm für den Tortenrand erforderlich. Den Blätterteig ausrollen, bis er die gesamte Form bedeckt, dann mit einer Gabel mehrfach einstechen und in der Form etwa 30 Minuten im Kühlschrank ruhenlassen. Anschließend den Blätterteig blindbacken, aber nicht zu braun werden lassen, da der Teig später noch einmal in den Backofen muß. Den Blätterteig nicht aus der Form herausnehmen.

Etwa 125 g kleine getrocknete Morcheln in einer erwärmten Mischung aus 1 Glas Bouillon und 1 Glas Rotwein ausgiebig einweichen und danach sorgfältig abtropfen lassen. Die Einweichflüssigkeit auf ein Viertel der ursprünglichen Menge reduzieren, die Morcheln wieder dazugeben und das Ganze erkalten lassen.

3 Schalotten oder 1 kleine Zwiebel kleinschneiden und in einer Pfanne mit etwas Butter glasig dünsten. Dann 150 g Frühstücksspeck in kleine Würfel schneiden und in der Zwiebelpfanne auslassen. Die eingeweichten Morcheln und die reduzierte Flüssigkeit dazugeben, gut verrühren und die Pfanne vom Herd nehmen. 500 ml Sahne, 4 Eigelb und 4 ganze Eier sorgfältig verquirlen und mit Salz und Pfeffer abschmecken (denken Sie daran, daß die Füllung durch den Frühstücksspeck schon relativ würzig ist).

Nun die Füllung mit der Eier-Sahne-Mischung verrühren und den Blätterteigboden (in der Obstkuchenform) damit füllen. Das Ganze mit Alufolie abdecken, damit die Ränder nicht verbrennen, und die Form in einen auf 200°C vorgeheizten Backofen schieben. Nach etwa 40 Minuten sollten Sie prüfen, ob die Füllung bereits stockt und damit gar ist; ansonsten stellen Sie die Torte noch ein paar Minuten in den Backofen. Danach den Backofen für kurze Zeit auf die höchste Temperaturstufe schalten, die Folie entfernen und die Oberfläche der Torte bräunen. Morcheltorte schmeckt am besten, wenn Sie sie am Tag zuvor zubereiten und zum Servieren wieder aufwärmen.

Sternsuppe

Nun wird als Schlußpunkt aller leckeren Sachen
diese Suppe noch einmal Begeisterung entfachen,
mit kostbarem Steinpilz, auch ›Cèpe‹ genannt, der dick ist und mit breitem Rand,
von intensivem, kräftigem Geschmacke. Vertreten wird er vom Shiitake,
einer japanischen Spezialität, mit der man dort sehr kreativ umgeht!
Und von der Gans kommt schmelzend zart die Leber von ganz besonderer Art
und läßt die Suppe mit Sternen glänzen,
um Ihr Menü trefflich zu ergänzen.

Klare Bouillon mit Pilzen und Gänseleber

Am besten verwenden Sie einen klaren, kräftigen Rinderfond, den Sie pro Liter mit 40 g getrockneten Pilzen (zur Hälfte Steinpilze, zur Hälfte andere Pilzsorten), kleinen Stückchen frischer Gänseleber, ein paar frischen Pilzen und 25 g geräuchertem Speck anreichern.
Hin und wieder sind auch frische Steinpilze oder frische Shiitake im Handel erhältlich. Champignons sind leichter zu bekommen.
Den Fond erhitzen, den Speck und die getrockneten Pilze hinzufügen und in der Flüssigkeit pochieren, nicht kochen. Zwischendurch immer wieder probieren, ob die Suppe bereits Ihrem Geschmack entspricht. Die frischen Pilze mit etwas Butter in einer Pfanne anbraten und anschließend auf Küchenpapier abtropfen lassen. Die Pilzbouillon in tiefe Teller füllen, mit den Pilzschnitzen garnieren und zum Schluß die rohen Gänseleberstückchen einlegen.

Legierte Pilzsuppe

Für diese Suppe benötigen Sie: 40 g getrocknete Pilze (Steinpilze und andere Pilzsorten sind häufig in 20-Gramm-Packungen abgewogen), 1 große, grobgehackte Zwiebel, 2 Knoblauchzehen, die weißen Blattscheiden von 1 Porreestange, einige Pfefferkörner, 2 Lorbeerblätter, je ½ Teel. getrockneten Thymian und Rosmarin (falls Sie frische Kräuter verwenden, etwas weniger), 5 zerdrückte Wacholderbeeren, 30 g mageren Frühstücksspeck, 1 Glas Rotwein, 1 Glas Portwein, 1 l kräftigen Rinderfond, 2 × 250 ml Sahne und zum Garnieren eine kleine Dose Champignonköpfe.
In einem großen Suppentopf Zwiebel, Porree, Knoblauch und kleingeschnittenen Speck glasig, aber nicht braun werden lassen. Die getrockneten Pilze, die Kräuter und die Gewürze sorgfältig daruntermischen und mit Wein und Portwein ablöschen. Das Ganze kurz aufkochen lassen, den Fond hinzufügen und erneut zum Kochen bringen. Die Suppe mindestens 1 Stunde leise simmern lassen; dann 250 ml Sahne angießen und weitere 30 Minuten simmern. Anschließend die Suppe durch ein Sieb geben und die im Sieb verbleibenden Zutaten sorgfältig ausdrücken. Wenn die Suppe zu dunkel geraten ist, etwas von den restlichen 250 ml Sahne hinzufügen. Anschließend mit Salz und Pfeffer abschmecken. Die Suppe verträgt eine leicht süßliche Note, deshalb nach Belieben mit etwas Zucker oder Honig nachsüßen. Zum Servieren die Champignonköpfe in dicke Scheiben schneiden, kurz anbraten und als Garnierung in die Suppe legen. Reste dieser Pilzsuppe können eingefroren und als Sauce verwertet werden.

Fond

Als Grundlage der meisten Suppen dient ein Fond aus Rind-, Kalb- oder Geflügelfleisch. Helle Suppen werden gewöhnlich mit Geflügel- oder Kalbsfond angesetzt, während die dunkleren Suppen auf Rinderfond basieren. Ein solcher Fond läßt sich problemlos zubereiten, entscheidend sind dabei Ihr Geschmack und vielleicht Ihre Experimentierfreude. Halten Sie sich also nicht unbedingt an Mengenangaben wie 2 Lorbeerblätter, 6 Pfefferkörner (am besten zerdrückt) und 3 Möhren. Vom Rind und Kalb verwenden Sie am besten Suppenknochen, Beinscheiben und Suppenfleisch. Für 3 l Fond sollten Sie von 4 l Wasser, 1 kg Suppenknochen sowie 2 kg Beinscheiben und Suppenfleisch ausgehen.
Geflügelfond ist noch leichter herzustellen, denn fast jeder Geflügelhändler bietet Hühnerkarkassen an, die sich für diesen Zweck hervorragend eignen. Als Faustregel gilt: 1 kg Karkassen auf 1 l Wasser. Außerdem können Sie noch Zwiebeln, Schalotten, Porree, Möhren, Sellerie, Petersilie, Schnittsellerie, Salbei, Rosmarin, Thymian, Lorbeerblätter, Wacholderbeeren, Pfeffer und natürlich Salz hinzufügen. Ein Stück Räucherspeck verleiht dem Fond eine zusätzliche herzhafte Note. Natürlich zwingt Sie niemand, alle diese Zutaten zu verwenden. Das gewünschte Fleisch und/oder die Knochen in einen großen Topf legen, 4 l kaltes Wasser angießen und langsam zum Kochen bringen. Sich bildenden Schaum sorgfältig abschöpfen (dabei handelt es sich um freigesetztes Eiweiß, das den Fond trübt). Sobald die noch kochende Flüssigkeit nicht mehr schäumt, das Gemüse und die Kräuter hinzufügen, etwa 3 große Porreestangen, 5 Zwiebeln,

5 Schalotten, 1 große Möhre, 250 g Sellerie – alles zuvor in große Stücke geschnitten. Nach Belieben noch 100 g Räucherspeck zum Sud geben und anschließend mit 1 Bund Petersilie, ½ Bund Schnittsellerie, 6 Salbeiblättern, 6 Lorbeerblättern, 10 Wacholderbeeren und 10 Pfefferkörnern abrunden. Das Salz wird erst später hinzugefügt. Sobald das Ganze kocht, den Fond auf schwacher Hitze mindestens 4 Stunden ohne Deckel ziehen lassen. Die Flüssigkeit sollte sich nur ganz leicht bewegen.
Schon nach kurzer Zeit zieht ein herrlicher Duft durch Ihre Küche, und Sie werden feststellen, daß Ihr Fond vollkommen klar bleibt. Zum Schluß den fertigen Fond mit einer Schöpfkelle durch ein Haarsieb in einen anderen Topf füllen; das Fleisch ist jetzt völlig ausgekocht und wenig schmackhaft. Übriggebliebener Fond kann problemlos eingefroren werden.

Noch ein Tip: Falls Sie einen wirklich dunklen Fond zubereiten möchten, geben Sie das Fleisch und die Knochen zusammen mit einer in Stücke geschnittenen Zwiebel etwa 20 Minuten in einen heißen Backofen. Die so entstehende dunkle Kruste verleiht dem Fond seine intensive Farbe.

Verzeichnis der Rezepte

Abbildungsnachweis

Nahezu alle Fotografien entstanden im Garten von Sijtje Stuurman, Herenweg 93, Bergen NH (zwischen Bergen und Egmond). Sijtjes Garten kann man von Anfang Juni bis Ende September mittwochs bis samstags von 13.00–17.30 Uhr besichtigen, im Juni, Juli und August hat der Garten zusätzlich am letzten Sonntag des Monats von 13.00–17.30 Uhr geöffnet. Größere Gruppen bitte nur nach Voranmeldung (Tel.: 0031-72-5061871).

In der Kunst- en Antiekgalerie Ute Middelhoek, Kornewal 4, 4116 BJ Buren (Gelderland), Tel.: 0031-344-572192, entstanden die Aufnahmen der Holundersträucher auf Seite 30/31.
Unterwegs oder bei Kees Hageman wurden die folgenden Abbildungen aufgenommen: Seite 8/9, 10/11, 12/13, 14/15, 16/17, 18/19, 20/21, 22/23, 50/51, 59, 66/67, 70/71, 72/73, 74/75, 80/81, 82/83, 86/87, 120/121, 150/151, 155, 174/175, 190/191, 194/195, 196.

Stuhlkissen

Für dieses Jahr ist das Genießen im Garten vorbei.
Und bis nächsten Mai können die Gartenstühle Kissen von Moos ansetzen.